μετωνυμίες

V

Zum Buch: Die Europäische Union verkörpert die andere Seite der Zivilgesellschaft. Denn sie entwirft sich als Friedensprojekt, das die kriegerischen Nationalstaaten dekonstruiert. Und durch rechtliche, soziale, ökologische und ökonomische Standards konstituiert sie den Lebensraum ungehorsamer Bürgerinnen, die jenseits der Nationalstaaten ihre Lebensformen individualistisch gestalten. Dabei bringen aktive Bürgerinnen ihre Vorstellungen in die Öffentlichkeit ein. Ohne sie hätte es keine Frauen-, Schwulen- und Lesben-Emanzipation gegeben, keinen Atomausstieg, keine Umweltpolitik, keine Willkommenskultur und keine EU-Rettungspolitik. Auch die Sozialpolitik wurde von mündigen Bürgerinnen herausgefordert trotz eines neoliberalen Kapitalismus, freilich in Kooperation mit der Wirtschaft.

Die Zivilgesellschaft bringt durch außerinstitutionelle politische Partizipation Bottom-up-Prozesse auf den Weg, die nachhaltiger sind als Top-down-Maßnahmen institutioneller Politik. Auf diese Weise intensiviert sich die Gewaltenteilung, was eine von Machiavelli, Hobbes, Weber, Schmitt inspirierte Politik als hierarchisch gelenkte Ordnung erschwert. Dagegen orientiert sich ein kosmopolitischer öko-sozialer Pluralismus an Camus, Arendt, Rorty, Rawls, Foucault, Rancière.

Um sich einmischen zu können, brauchen die mündigen Bürgerinnen vor allem Bildung, nein, keine Ausbildung, sondern philosophische Selbstbildung in Ontologie, Geschichte, Ästhetik der Existenz, Logik, Sozialwissenschaften, Pädagogik, Kommunikationswissenschaften, Informatik. Das ist nicht wenig, aber nötig, wirkt nachhaltig und verleiht Europa und der Zivilgesellschaft neuen Schwung. Das sind Faktizitäten und keine Utopien.

Hans-Martin Schönherr-Mann ist Prof. für Politische Philosophie an der Univ. München, seit 2004 regelmäßiger Gastprof. an der Fakultät für Bildungswissenschaften der Univ. Innsbruck; Prüfungsbeauftragter an der Hochschule für Politik München; aktuelle Bücher: *Michel Foucault als politischer Philosoph*, Innsbruck University Press 2018; *Involution oder Revolution – Vorlesungen über Medien ‚Bildung und Politik' an der Univ. Innsbruck*, BoD 2017; *Was ist politische Philosophie*, Campus Studium 2012; *Die Macht der Verantwortung*, Karl Alber – Hinblick 2010; *Der Übermensch als Lebenskünstlerin – Nietzsche, Foucault und die Ethik*, Matthes & Seitz Berlin; *Hannah Arendt – Wahrheit, Macht, Moral*, C.H. Beck 2006

Hans-Martin Schönherr-Mann

Verteidigung Europas gegen die *Banalität* des Populismus

Die Geburt der Zivilgesellschaft aus dem Geist der Kennedy-Ära

μετωνυμίες
V

Bibliografische Information der Deutschen Nationalbibliothek: Die Deutsche Nationalbibliothek verzeichnet diese Publikation in der Deutschen Nationalbibliografie; detaillierte bibliografische Daten sind im Internet über dnb.dnb.de abrufbar.

Herstellung und Verlag:
BoD – Books on Demand, Norderstedt

ISBN 978-3-7481-6860-7

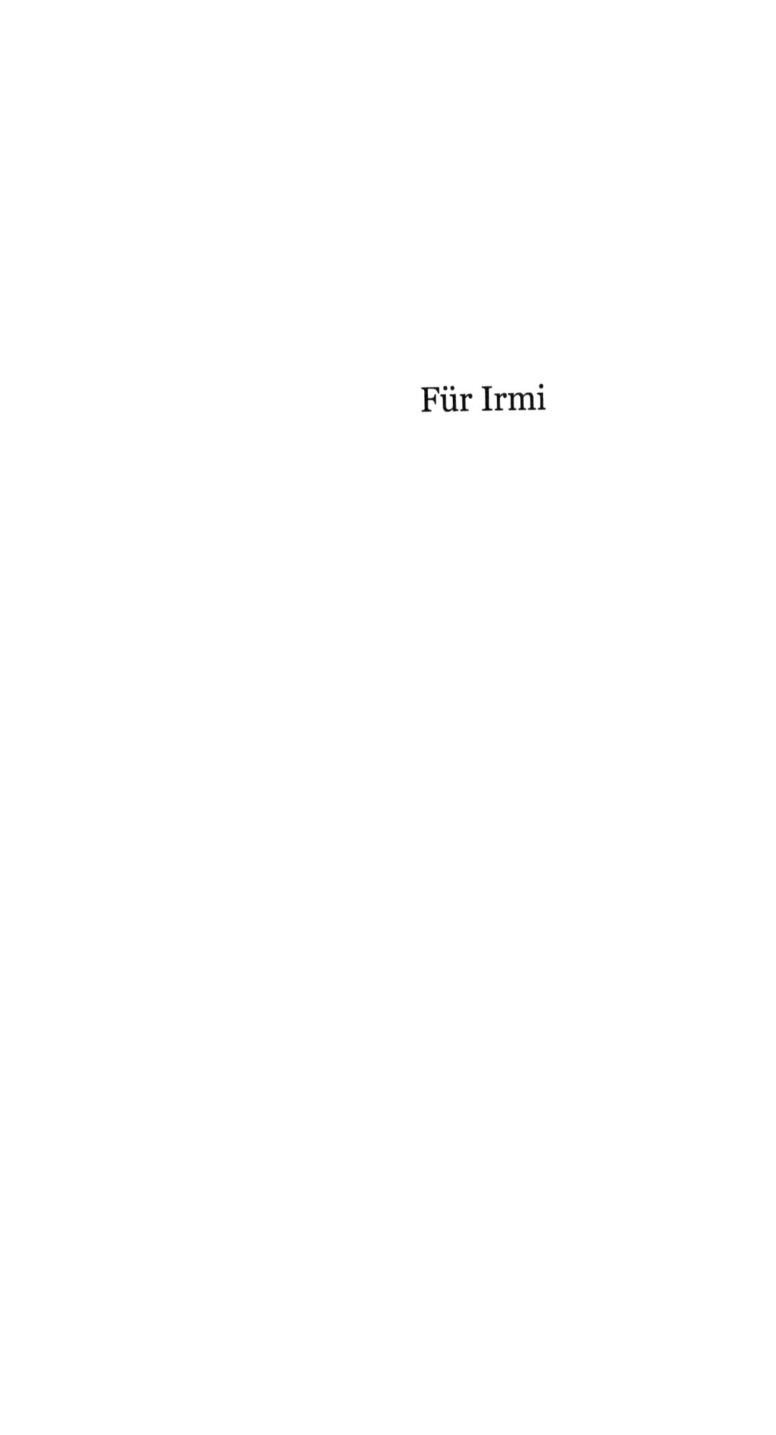

Für Irmi

Inhalt

„Wie viele Male haben wir es im Leben mit ‚offenherzigen' Leuten zu tun (das heißt solchen, die sich ihrer ‚Offenheit' rühmen): Gewöhnlich kündigt das Wort eine kleine ‚Aggression' an: Man nimmt sich die Freiheit, taktlos zu sein (mangelndes Zartgefühl). Schlimmer ist jedoch an der Offenheit, dass sie im allgemeinen das Tor zur Dummheit aufstößt, und zwar sperrangelweit. Mir erscheint es schwierig, dem Satz ‚Ich will offen sein' etwas andres folgen zu lassen als einen törichten Satz."

(Roland Barthes, Das Neutrum)

VORWORT

Die Zeiten, als die Revolutionen noch den Weg in eine bessere Zukunft verhießen, sind vorbei. Heute kämpft die Menschheit entweder wieder ums Überleben oder gewisse Gruppen streiten um ein größeres Stück vom verbleibenden Kuchen, der nicht mehr so zu wachsen scheint, wie man das mal dachte. Von einer Lösung der sozialen Frage ist man weiter entfernt denn je, wiewohl in den westlichen entwickelten Ländern diese Frage an Brisanz verloren hat. Im Lager der Populisten – und hier meine ich gleichzeitig auch linke - kehrt das antike Bewusstsein wieder, auf ewig in einer bedrohten Wagenburg zu leben, dic ihre Existenz nur durch Aus- und Überfälle gegenüber den Nachbarn sichern und verbessern kann – man denke nur an die deutschen Länder im 19. und 20. Jahrhundert. Wenn es ein politisches Verdienst der monotheistischen Religionen Christentum und Islam gibt, dann diese Mentalität bekämpft zu haben. Saint-Just programmatisch

und Marx theoretisch haben den Frieden in die diesseitige Zukunft versetzt. Obwohl weder Christentum, Islam noch Marxismus diesen Frieden verwirklichen konnten, so haben sie doch mit der Idee desselben einem Denken den Weg geebnet, für das der Frieden der Ernstfall ist und nicht der Krieg, für den es sich zu engagieren lohnt. Manche Propheten, Könige und Politiker haben sich darum bemüht, was sich seit der Französischen Revolution verstärkte. Aber sie haben es noch imperial oder theologisch zumeist für ein Reich oder gar die ganze Menschheit probiert. Sie fühlten sich als Anführer, die anderen vorgaben, was sie auszuführen hätten und wurden damit von diesen abhängig, was schon Diderot erkannte.
Als in den späten Sechzigern der Traum von einer umfassende Weltveränderung für viele geplatzt erschien, machten sie sich selbst auf den Weg, die Welt um sich herum humaner zu gestalten und zwar in vielen Bereichen, die ihnen gerade wichtig erschienen. Deshalb waren die Veränderungen so nachhaltig, konnte daraus das entstehen, was man heute Zivilgesellschaft nennt und was die Rechtspopulisten durchgängig hassen. Die Zivilgesellschaft deutet eine Chance an, von jenem Traum von Paulus, Mohammed und Marx ein klein wenig zu realisieren, was schon so viel ist, dass es die etwa 10.000 Jahre alte Kriegergesellschaft gehörig durcheinanderbrachte, stellte bereits während des Vietnamkriegs ein US-General fest, man könne Kriege nicht mehr führen, weil die Familien zu wenige Kinder hätten, so dass der Verlust eines Sohnes eine Katastrophe darstelle, was in den Jahrhunderten zuvor allein schon durch die frühe Sterblichkeit an der Tagesordnung war. Demnächst werden die Populisten daher die fünf-Kind-Ehe fordern.
Wenn sie das nicht durchsetzen können und wenn eventuell die Hoffnung auf mehr Frieden erhalten bleibt, dann wird das voraussichtlich am Widerstand der Zivilgesellschaft liegen und natürlich an der Europäischen Union,

die als supranationale Institution die Nationalstaaten schwächt, die für die Kriege der letzten Jahrhunderte verantwortlich zeichnen. Sie gibt dem Frieden eine Heimat und eine bessere kann man momentan in Europa schwerlich haben.
Ob das reicht, Katastrophen zu verhindern und Pasolinis *Un sogno di una cosa*[1] weiter zu träumen, jenen „Traum von einer Sache“[2], wie Marx 1843 in einem Brief an Arnold Ruge schreibt, das wird sich zeigen; denn so Hegel „die Eule der Minerva beginnt erst mit der einbrechenden Dämmerung ihren Flug.“[3] Deswegen behält auch Richard Rorty mit seiner Einsicht recht: „Nicht irgendwelche großen, notwendigen Wahrheiten über die menschliche Natur und ihre Beziehung zu Wahrheit und Gerechtigkeit werden darüber bestimmen, welcher Art unsere zukünftigen Führer sind, sondern allein eine Menge kleiner kontingenter Tatsachen.“[4] Und man darf dabei hoffen, dass die Führer weniger werden, sich die Bürgerinnen weniger bevormunden lassen und individuell selber bestimmen, wie sie leben wollen.
Deswegen nähere ich den Begriff der Zivilgesellschaft auch nicht demjenigen der kulturalistischen Linken an, besteht die Zivilgesellschaft längst nicht nur aus linken Bürgerinnen, spielen dabei vielmehr gerade auch die aufgeklärten Religionen eine wichtige Rolle wie auch viele unpolitische Beiträge. Entscheidend dabei ist der Anspruch auf Mündigkeit, der den Untertan hinter sich lässt, während dieser im Populismus wiederkehrt. Die

---

[1] Pier Paolo Pasolini, Un sogno die una cosa (1962) Roman, Berlin 1968

[2] Karl Marx, Brief an Ruge, September 1843, Deutsch-Französische Jahrbücher, Marx Engels Werke (MEW) Bd. 1, Berlin 1972, 346

[3] G.W.F. Hegel, Grundlinien der Philosophie des Rechts (1820), Theorie Werkausgabe Bd. 7, Frankfurt/M. 1970, Vorrede, 27

[4] Richard Rorty, Kontingenz, Ironie und Solidarität (1989), Frankfurt/M. 1992, 304

mündige Bürgerin mischt sich in diverse öffentliche Angelegenheiten ein, weil sie das selber für richtig hält, nicht weil ihr das irgendwelche Führer und deren Ideologien eingeben. Solche selbstbewussten Zeitgenossinnen haben angefangen, die Welt nachhaltig zu verändern, und zwar durch Bottom-up-Prozesse, gerade nicht durch Topdown-Prozesse, wie man es sich zumeist von Seiten der Eliten vorstellt. Die Wegbereiter dieser aktiven Bürgerinnen, die die Zivilgesellschaft entwickeln, heißen Anton Schmid, Geschwister Scholl, Wolfgang Abendroth, Albert Camus, ihre Mitstreiter heißen Mick Jagger, Bob Dylan, Ivan Illich, Daniel Ellsberg, Robert Jungk, David McTaggart, Alice Schwarzer, Bradley Manning, Edward Snowden und viele, viele andere, die dazu beigetragen haben, dass sich immer mehr Menschen darum bemühen, die Welt in ihrem Umkreis humaner zu gestalten, ohne gleich die ganze Welt fundamental umkrempeln zu müssen. Sie ziehen den Apokalyptikern den Boden unter den Füßen weg. Wenn die Welt weiter weltet, dann verdanken wir es ihnen und erst recht, wenn sie humaner weltet. Und wenn die Nachfahren der Nazis scheitern, die EU weiter eut, dann wird das an solchen Menschen liegen, die die Zivilgesellschaft wie die EU beseelen.

EINLEITUNG

Verglichen mit Nationalismus und Rechtspopulismus als ähnlich antidemokratischen Richtungen geht vom Islamismus in der westlichen Welt die erheblich geringere Gefahr aus für die Demokratie und Europa. Auch der Terrorismus wird speziell in Deutschland von Rechts viel intensiver betrieben als von Islamisten. Fast täglich finden Übergriffe und Anschläge auf Ausländer statt oder Funktionsträger werden bedroht und angegriffen – man denke an Kölns Oberbürgermeisterin Henriette Reker –, haben 2016 ca. 700 Angriffe allein auf politische Funktionsträger und Journalisten stattgefunden – darunter auch zahlreiche gewalttätige. Nicht nur, dass rechte Straßenkrawalle wie 2018 in Chemnitz an der Tagesordnung sind verbunden mit Diskriminierungen aller Art. Dabei werden Menschen mit Migrationshintergrund und Andersdenkende tätlich angegriffen, was nicht selten in Hetzjagden ausartet, auch wenn das führende Vertreter des bundesrepublikanischen Inlandsgeheimdienstes nicht gerne hören, war dieser aber bereits bei der jahrelangen Terrorserie von in der Zwischenzeit wohlbekannten Jenenser Neonazis blind, taub, unfähig oder klammheimlich sympathisierend – man denke nur an den damaligen Thüringer Verfassungsschutzpräsidenten, der in rechtsradikalen Blätter publizierte.

Dorn im Auge von Populisten ist dabei die Zivilgesellschaft, auf der das europäische Projekt der Demokratie längst ruht, damit Rot-Grün, die *Willkommenskultur*, die

Emanzipation von Frauen, Lesben und Schwulen, in den USA besonders die Kennedy-Ära und die Emanzipation der Farbigen, in Europa die *Emanzipation der Migranten* als vielleicht das zentrale Feindbild. Interessanterweise ist die aus diesen Entwicklungen hervorgegangene Zivilgesellschaft auch der westliche Hauptfeind der Islamisten was sie mit ihren Attentaten auf die Redaktion von *Charlie Hebdo* und am *13. November* 2015 in Paris insbesondere auf das *Bataclan* sowie auf *Bars* und *Cafés* just an einem *Freitagabend* bewiesen (*Saturday Night Fever*, USA 1977), wenn die hedonistische und sexualisierte Zivilgesellschaft feiert und dem Gebrauch der Lüste huldigt. Die Parallelgesellschaften der Populisten waren mit diesen Anschlägen nicht gemeint. Dagegen sollte der 11. September noch das Herz der westlichen Welt insgesamt treffen, was symbol-ökonomisch auch gelang, nicht aber politisch, richtete der Jet im Pentagon keinen derart medialen Schaden an, während der andere Jet das Weiße Haus gar nicht erreichte. Primär ist der Islamismus eine Gefahr für die islamische Welt, ist für die Islamisten die überwältigende Mehrheit der gemäßigten Muslime generell der Hauptfeind, d.h. der Islam ist der Hauptfeind der Islamisten – ein Islam, der ähnliche zivilgesellschaftliche Tendenzen entwickelt hat, wie die Arabellion und die diversen Proteste nicht nur in der Türkei zeigen. Die Zivilgesellschaft ist rings um das Mittelmeer nur unterschiedlich stark entwickelt.

Die postmoderne, supranational und global vernetzte Demokratie verwandelt den National- in einen Regionalstaat, macht ihn tendenziell zum Bundesland. Die multikulturelle Zivilgesellschaft verweht mit ihren vielen Minderheiten das ethnisch oder rassisch konstruierte Volk aus dem 19. Jahrhundert, das in deutschen Landen mit den Nazis unterging, wie es deren Anführer explizit wollte, wiewohl er sich das anders vorstellte, bestimmt nicht als Sprachproblem. Die mündige, so hedonistische wie ökologische Bürgerin schüttelt dagegen religiöse, traditionelle, familiäre, ständische oder völkisch-identitäre Untertänigkeit ab. Toleranz, Verantwortung und Stolz heißen ihre Tugenden, nicht Diskriminierung, Gehorsam und Demut als die Kardinaltugenden der Kriegergesellschaft.

Essentialismus und Identitarismus verblassen trotz ihrer Wiederkehr als metaphysische Obsessionen, als große Erzählungen, als unreflektierte Vokabulare und als banale Gedankenlosigkeit. Kein Wunder wenn diese Entwicklungen längst nicht nur aber vor allem Populisten, Nationalisten und Islamisten reizen. In ihren totalitären Neigungen hoffen alle drei noch auf eine völkische oder religiöse Einheit, auf dienende, verantwortungslose Untertanen, auf Frauen als Lustobjekte und unmündige Mütter, den Mann als verantwortungslosen Glaubens- oder Volkskrieger, den seine Lust zum Volksvermehren zwingt – also um mit Nietzsche zu sprechen, auf Herdentiere mit Herdenmoral, ohne die die Weltkriege des letzten Jahrhunderts nicht denkbar wären. Das soll Rechtsstaat, Demokratie, Zivilgesellschaft und Mündigkeit wieder und endgültig vernichten.

Kommunisten kooperieren immerhin mit der Zivilgesellschaft, die sie erst unterdrücken, wenn sie an die Macht gekommen sind. Islamisten probierten ein ähnliches Manöver in Algerien in den 1990ern, in Ägypten und Tunesien in der Arabellion. Rechtsradikale unterscheiden sich von rechten Populisten dadurch, dass erstere die Zivilgesellschaft uneingeschränkt bekämpfen, während letztere manchmal so tun, als gehörten ihre Anhänger zur Zivilgesellschaft. Zumindest hätten sie dabei gerne denselben Status. Aber sie wollen das Volk sein, nicht die mündige Bürgerin. Doch die Zivilgesellschaft, die zumindest jeweils gewisse Teile der Bevölkerung lebendig werden lässt, ist nicht das Volk, selbst wenn *Occupy* jene 99% beschworen hat. Der Ruf, den die Opposition bei

Protesten gegen das DDR-Regime benutzte, hatte auch damals einen rechten Beigeschmack und konnte wohl nur im Osten aufkommen, wo man keinerlei Demokratieerfahrungen hatte. Volk und Nation passen beide nicht mal zu einer repräsentativen Demokratie, geschweige denn zu einer zivilgesellschaftlich basierten, also zu einer der vielen Gewaltenteilungen, wie sie Odo Marquard entwirft.

Populisten wie Rechtsradikale, Identitäre etc. befinden sich dagegen in der schwierigen Situation, dass sie gehorsame Untertanen sein möchten, dieses aber nicht zugeben dürfen, dass sie vielmehr behaupten müssen, dass sie freiwillig gehorchen wollen. Sie tragen sogar die Verantwortung für ihren Gehorsam, was letzteren indes konterkariert, gibt es seit Sartre den Gehorsam nicht mehr, mit dem sich *Eichmann in Jerusalem* noch verteidigen wollte, was ja auch sein Gericht nicht akzeptierte. Bereits die Nürnberger Prozesse nahmen den Kriegsverbrechern ihre Untertänigkeit nicht mehr ab und machten diese für das verantwortlich, was sie taten. Aber die Siegerjustiz hatte damals trotzdem das Recht und die Gerechtigkeit auf ihrer Seite. Daraus ergab sich nach Hannah Arendt ihre Macht, spielte die Gewalt dabei keine Rolle, auf die sie sich stützen konnten. Selbstredend sind die meisten Zeitgenossen in der Bundesrepublik darüber froh, während man bei den Nationalisten die Erinnerungskultur ja um 180 Grad wenden möchte: Abschied von der Republik, zurück in ein Reich und Erinnerung an die Eroberungslust der Weltkriegssoldaten.

Angesichts solcher ethischer Dilemmas hören die Anhänger von Populisten umso bereitwilliger Leuten zu, die sich brüsten, offen zu sein, angebliche Wahrheiten zu sagen, die der Politik die Moral verbieten, so dass verantwortungsloser Gehorsam bzw. *Eichmann vor Jerusalem* wieder möglich wird, damit morallose Politik wieder Unrechte fernab jeglicher Gerechtigkeit schafft, gerade weil solche Politik Rechte vermeiden will. Nicht durch

Zufall gerät die Justiz wie der Journalismus ins Fadenkreuz rechter Politik, nicht nur in Polen, in den USA, in Italien, auch in der Bundesrepublik, behindert gerade der Rechtsstaat eine so rechte- wie gesetzelose Politik.

Wie schon Hannah Arendt bemerkte, sind Tatsachenwahrheiten immer von der Lüge bedroht, muss sich die Wahrheit der Lüge schelten lassen und wenn sich der Bezichtiger der Kommunikation verweigert, dann beharrt er auf seiner Lüge als Wahrheit, was man gemeinhin als Propaganda bezeichnet, was der Propagandist natürlich niemals zugeben würde, den man denn aber nicht als Historiker anerkennt, behauptete er, dass 1914 Belgien und 1939 Polen in Deutschland eingefallen seien.

Mit den Vernunftwahrheiten ist es – so ebenfalls Arendt – nicht so einfach. Aber selbst die Logik wird in Frage gestellt. Gewisse Aprioris haben es auch nicht viel leichter. Sie werden ignoriert. Denn es ist eine Tatsache des Bewusstseins, die Sartre diagnostizierte, dass der Mensch frei und verantwortlich ist. Ungeschickt daher für Nationalisten, Islamisten und deren Anhänger, dass auch die Untertanen frei sind, dass sie für ihre Taten alleine verantwortlich zeichnen, was umso tragischer für religiöse Fundamentalisten ausläuft, die Freiheit und Notwendigkeit ineinander fallen lassen müssen, was nur noch mit dem Mantel der Absolutheit vermeintlich logisch kaschiert werden soll, sich aber gleichzeitig als Widersinn entlarvt.

Islamisten haben keine Chance, die westlichen postmodernen Gesellschaften aus den Angeln zu heben, schaffen sie das ja nicht mal in islamischen Ländern – man denke wiederum an Algerien, Ägypten und Tunesien. Nationalisten und Rechtspopulisten sind dagegen viel gefährlicher. Denn sie regieren längst nicht mehr nur an den Rändern Westeuropas: in der Türkei, in Russland, in Polen, Ungarn, sondern in den Kernländern des Westens, nämlich in Großbritannien, den USA, Italien und Österreich.

Daher geht es heute darum, die mündige Bürgerin, die Zivilgesellschaft und die Europäische Union gegen ihre Feinde zu verteidigen, stellen alle drei – auch letztere, mag es verwundern – jene Errungenschaften dar, die autoritäre Führungsstrukturen, die Vaterländer und die völkischen Bevölkerungen auflösen, und damit den Untertan – *Eichmann in Jerusalem* –, den Vater – das Mutterkreuz oder die ‚deutsche Familie' – und den Terror – *Eichmann vor Jerusalem* – überwinden, um an deren Stelle die Mündigkeit der Bürgerin, die Freundschaft und das Gespräch zu setzen. Daraus entwickeln sich die Verantwortung für den Anderen, den Fremden, die multikulturelle Zivilgesellschaft und die pluralistischen Institutionen Europas – ein Projekt, bei dem am Ende die Friedens- und die Freiheitsperspektive doch zusammenfallen, jedenfalls für das Individuum und die Zivilgesellschaft. Und wer soll die zivilgesellschaftlich errungene Freiheit schützen, wenn nicht diese selbst und die Europäische Union – man denke an Ungarn, Polen und die Türkei – wiewohl die EU das nicht mit Gewalt erreichen kann, sondern auf einem langsamen, kommunikativen und vermittelnden Weg, der auch der Weg der Zivilgesellschaft ist, wenn die Bürgerinnen langsam von unten die Welt verändern, nicht autoritär von oben und gewaltsam, was ja erfahrungsgemäß inhuman ausläuft und notorisch scheitert.

POPULISMUS ALS ANGRIFF AUF EUROPA

Lange hat es indes gar nicht so ausgesehen, dass die Europäische Union nicht nur ein Friedensprojekt ist, das die Nationalstaaten entmachtet und zivilgesellschaftliche Spielräume für mündige Bürgerinnen entwickelt. Die Europäische Wirtschaftsgemeinschaft besaß primär einen ökonomischen Sinn und der politische Sinn der Europäischen Union verdankte sich der Bedrohung durch die Sowjetunion während des kalten Krieges. Wiewohl der europäische Einigungsprozess auch eine versöhnende Hoffnung zwischen Frankreich und der Bundesrepublik hatte – die sich glücklicherweise nicht nur etatistisch, sondern vor allem zwischen Bürgerinnen erfüllte –, bleiben vor diesem Hintergrund Erklärungen blass, diese Entwicklung habe einen originär friedensstiftenden Zweck, den man nur umso häufiger beschwört, je länger der Ost-West-Konflikt zurückliegt, in dem sich die West-Europäer schwach fühlten. Frankreich brauchte Westdeutschland als europäisches Bollwerk gegen den Kommunismus und die junge Republik brauchte dringend europäische Freunde, von denen man hoffte, diese würden ihren Bürgern deren Verbrechen verzeihen, die sie in diesen Ländern und gegen jedermann begangen hatten – und die Täter liefen in diesem Nachkriegsdeutschland frei herum, und zwar auch noch in Ehren.

Trotzdem, jetzt, erst jetzt, lange nach dem Ende des kalten Krieges gewinnt die Europäische Union ihre friedenserhaltende Funktion im Innern, just jetzt, wenn man sie nicht mehr als Bollwerk braucht, jetzt, wenn sie ihren Sinn aus sich selbst heraus entwickeln muss.

Man stelle sich nur für einen kurzen Augenblick vor, dass Populisten in der Bundesrepublik an die Macht kommen und – selbstredend abhängig von der weltpolitischen Lage, die ihre Prioritäten verschieben könnte – erst Königsberg, Danzig, Stettin, dann das ehemalige Sudentenland, Österreich und schließlich Elsass-Lothringen erobern möchten. Dergleichen kann nur eine Zivilgesellschaft verhindern, die sich dann zuallererst auf die Institutionen der Europäischen Union stützen müsste. Es ist nicht mehr der äußere Feind, der die EU nötig macht, es ist der innere Feind Europas: Populisten, Rassisten, Islamophobe, Nationalisten besonders in den Reihen der englischen Konservativen – die Unterschiede zwischen ihnen sind graduell – und am Ende auch Islamisten, aber diese höchstens en passant. Michel Houellebecqs Roman *Unterwerfung* schildert mit einer Machtübernahme der Islamisten in Frankreich dabei das abwegigste Szenario. Die Machtübernahme von Populisten ist viel wahrscheinlicher und viel gefährlicher für die westliche zivilgesellschaftliche Lebensart – man denke nur an das Abtreibungsverbot in Polen. Irland dagegen entledigte sich gerade der Bevormundung durch einen traditionalistischen Katholizismus.

Auch die Behauptung, man könne die Globalisierung nur gesamteuropäisch bestehen, klingt als eine ähnliche Ausrede wie jene, die EU sei von vornherein ein großes innereuropäisches Friedensprojekt gewesen. Alle Länder mischen in der Globalisierung mit und den kleinen geht es häufig blendend – man denke an Singapur, die Schweiz, Norwegen oder die Emirate. Vornehmlich erscheint das Argument, man könne die Globalisierung nur europäisch bestehen, daher als ein bundesrepublikanisches Interesse, ist die Bundesrepublik zu klein für einen *global player*, der die internationalen Standards mitbestimmt. Im europäischen Verein könnte das klappen.

Ähnliches gilt auch für eine aktive europäische Friedenspolitik, die mit militärischen Einmischungen liebäugelt, liegen die Interessen gerade zwischen den alten und den neuen EU-Mitgliedsstaaten zu weit auseinander, sind alle momentan nicht bereit, entsprechende Souveränitätsrechte an europäische Institutionen abzutreten. Nur wenn eine europäische Außenpolitik von der Europäischen Kommission betrieben werden könnte, es einen bundesrepublikanischen Außenminister gar nicht mehr gäbe, wäre die EU international ein *global player*, was auch nur unter der Fahne einer globalen Machtpolitik von Vorteil wäre.

Aus der Perspektive von europäischen Zivilgesellschaften, die sich mit europäischen Populisten auseinander setzen müssen, erscheint eine aktive europäische Außenpolitik eher nachgeordnet. Der Vorteil der EU im Verhältnis zu ihren Mitgliedsstaaten könnte in einer damit verbundenen impliziten Gewaltenteilung innerhalb einer europäischen Außenpolitik liegen, die einen allzu großen Top-down-Aktionismus verhindert. Die EU und die Mitgliedsstaaten als ein globales Schwergewicht sehen sich dann eher zu einer ausgleichenden und nachhaltigen indirekten Förderung von Strukturen in der Welt gezwungen, die Kriege beruhigen oder drohenden Kriegen wie ungerechten Lebensverhältnissen präventiv entgegenwirken. Für die europäischen Zivilgesellschaften könnten sich die allseits beklagten schwerfälligen Strukturen der EU dann besonders außenpolitisch als ein friedensfördernder Vorteil erweisen. Slavoj Žižek denkt dabei wahrscheinlich noch stärker in eine postmarxistische Richtung, doch jenseits davon skizziert er die richtige Perspektive wenn er 2017 schreibt: „Europa ist nicht einfach nur ein geopolitischer Machtblock, sondern eine globale Vision, die letztlich mit Nationalstaaten unvereinbar ist."[1] Das gilt damit auch für eine nationale Ökonomie oder einen nationalen Sozialstaat, von dem so manche Linke wieder träumen, nachdem der Internationalismus ihres Vordenkers gescheitert oder in internationalen Organisationen wie der UN oder supranationalen Gemeinschaften wie der EU aufgegangen ist oder er wird von internationalen NGO's betrieben, die von undemokratischen Regierungen – man denke an Russland, Ungarn, die Türkei und China – bekämpft werden.

Auch ein weiteres Argument gegen die EU, das gerade die Bürgerinnen zu betreffen scheint, hat einen anderen Hintergrund als jenen, der regelmäßig behauptet wird. Die mangelnde Popularität der europäischen Institutionen liegt nämlich kaum an deren realer Macht und an deren faktischem Einfluss, an der angeblich überbordenden Bürokratie und ihrer byzantinischen Unübersichtlichkeit. Das Lamento über Ämter und Beamte ist so alt wie diese selbst. Im Unterschied zur Bürokratie im eigenen Land, über die man auch notorisch lästert, hat die europäische Bürokratie nicht nur keine Verteidiger. National klagen zwar Politiker auch mal, dass die Steuer zu kompliziert sei. Letztlich aber müssen sie die eigenen nationalen Bürokratien verteidigen, deren Regeln sie selber mitgeschaffen haben und die sie auch brauchen, um ihre politischen Entscheidungen umzusetzen. Dabei handelt es sich um Politiker, die bei ihren Wählern zumindest ein gewisses Renommee haben und gelegentlich vor Ort auftauchen. So bemühen sich Politiker darum, dass Behörden bürgerfreundlicher werden, was ihr Ansehen bei den Wählern verbessern kann.

Just an solchen Verteidigern mangelt es der EU. Wer nach Europa geht, gehört zuhause zumeist nicht zu den

---

[1] Slavoj Žižek, Die populistische Versuchung; in: Heinrich Geiselberger (Hrsg.), Die große Regression – Eine internationale Debatte über die geistige Situation der Zeit, Berlin 2017, 298

populärsten und bekanntesten Politikern – wer kannte Martin Schulz, bevor er es im Europaparlament zu Ruhm und Ehren brachte? –, so dass eventuelle Verteidigungsreden von EU-Politikern kaum Gehör finden, und daher häufig lieber unterlassen werden. Oder die EU findet Fürsprecher bei Politikern aus anderen Ländern, die man gar nicht kennt oder die ob der mangelnden Bekanntheit einfach nur wenig Vertrauen genießen. Oder es handelt sich um Mitglieder von Parteien, die der Stammwähler daheim gar nicht mag.

Dass in Europa die Parteigrenzen eher verschwimmen, verunsichert selbst den Wechselwähler, der zuhause trotzdem weiß, was er wählt, die Töne aus Brüssel aber nur schwer einzuschätzen vermag. Wer kennt schon die EU-Institutionen genauer? Und welcher Einheimische die Institutionen des Freistaates Bayern? Das verlangt ein hohes Maß an eigener politischer Bildung, die man am häufigsten noch bei aktiven Teilnehmern der Zivilgesellschaft findet, selten bei jenen, die Populisten mit ihren außerordentlichen Wahrheiten zujubeln. Aber selbstredend bleibt auch die Liebe eher geteilt, die die diversen zivilgesellschaftlichen Gruppen der EU und ihren Institutionen entgegenbringen. Das gilt z.B. für die Ökologen und besonders die Linken, wenn letztere in der EU eine neoliberale Verschwörung wittern.

Wer also kann die Aktivitäten der EU im jeweils nationalen Rahmen verteidigen? Wer kann überzeugend vorführen, wie nötig diese Aktivitäten sind, welche Vor- und Nachteile sich daraus ergeben? Warum sie trotzdem sinnvoll sein mögen? Wer hört sich solche Debatten im Europa-Parlament an? Und wer berichtet darüber? Europa mangelt es nicht nur an Verteidigern, sondern auch an Zuhörern – nicht zuletzt in der Zivilgesellschaft – sowie vermittelnden Medien, die häufig lieber über das Getue des alten Adels berichten.

Umgekehrt braucht die EU die Zivilgesellschaft; denn wenn aus ihr heraus sich nicht Gruppen für die EU einsetzen, dann wird sich der schlechte Ruf Europas schwerlich verbessern. Von der Politik ist dergleichen kaum zu erwarten, höchstens punktuell.

Wenn ein Politiker in Brüssel die EU verteidigen will, dann läuft er zudem Gefahr, von seiner Partei zuhause, die ihn ja nach Europa schickt, zurückgepfiffen zu werden. Denn seine Partei daheim profiliert sich wählerwirksam besonders gerne mit Kritik an der EU. Alle Parteien – ohne Ausnahme und bestimmt nicht nur in Deutschland – spielen begeistert die Karte, die EU und ihre Institutionen zu kritisieren, nicht nur um eigenes Versagen auf diese zu schieben. Vielmehr kann man als Politiker damit einen heute weit verbreiteten Habitus bedienen, nämlich ganz generell staatliche Institutionen zu kritisieren – ein Habitus, an dem die Zivilgesellschaft durchaus wesentlichen Anteil hat und den der sich eher untertänig fühlende Teil der Bevölkerung fleißig reproduziert und sich dabei gerade durch Populisten bestärkt fühlt. Die Zeiten, als Majestätsbeleidung noch von vielen als unerhört betrachtet wurde, als Bürokratien noch als Obrigkeit eine gewisse Verehrung, allemal Achtung genossen, diese Zeiten sind seit den sechziger Jahren mit ihren diversen Emanzipationsbewegungen zu Ende gegangen. Witziger Weise just jene, die sich nach solchen Zeiten zurücksehnen, springen auf den Dampfer der Politiker- und der Bürokratie-Beschimpfungen auf. Die Faschisten und Nazis hatten es indes noch einfacher als heutige Populisten in der westlichen Welt, waren die Demokratien damals noch längst nicht so etabliert und vor allem die Mündigkeit von Bürgerinnen noch längst nicht so weit verbreitet.

Und selbst Konservative vor allem in den USA haben diesen Habitus eines vermeintlich kritischen Bewusstseins und einer vorgeblichen Mündigkeit heute verinnerlicht. Trump profitierte davon. Die Volksvertreter in Washington D.C. müssen das ständig erleben. In Europa spielt diese Rolle die EU, auf deren Kosten sich nationale Politiker reinwaschen und auf die sie alle Aversion der Bürger gegen den Staat ablenken können. Es verwundert daher auch nicht, wenn der nationale Staat im Schatten solcher Staatskritik plötzlich freundlicher erscheint, auf den sich früher alle Kritik konzentrierte. Natürlich erhalten nationale Staaten wie bald Großbritannien durch einen EU-Austritt wieder mehr nationale Kompetenzen. Unwahrscheinlich erscheint dabei, dass sie zur nationalen Stärke des 19. Jahrhunderts zurückfinden, bleiben sie ja letztlich in die globalisierten Prozesse eingebunden, müssen sie mit den Nachbarstaaten kooperieren, denen höchstens so große Länder wie USA und China die Bedingungen der Kooperation in einem hohen Maße diktieren können. Großbritannien kann das nicht, wie schon die Brexit-Verhandlungen zeigen.

Jedenfalls liegt in diesem schlechten Ruf ihrer Institutionen auch die große Gefahr für die EU, die weder die institutionelle Stabilität noch die Macht der US-Regierung besitzt. Vielleicht zerfällt die EU irgendwann, weil man heute keine Staaten mehr gründen kann und die EU eine der letzten derartigen Versuche darstellt, obwohl es sich um keine Nationalstaatsgründung handelt. Umgekehrt werden die Briten bald ihre Kritik auf die eigene Regierung richten, wenn Britannien kein Mitglied der EU mehr ist. Allerdings verteidigen dann renommierte Politiker die britischen Institutionen bis hin zum König. Vielleicht tritt Schottland aus dem Königreich aus, um dann in den EU-Behörden einen Buhmann für Frustrationen zu behalten. Aber den haben sie schon mit London.

Je besser eine Lage erscheint, umso heftiger fällt die Kritik am Bestehenden aus, weissagt man diesem begeistert apokalyptisch den Untergang, droht man den Zeitgenossen, sie müssten ihr Leben ändern. Denn das Begehren treibt den Kritiker notorisch über das hinaus, was sich ihm anbietet, was er eigentlich genießen sollte. Die Zeitgenossen neigen dazu, das Gute nicht mehr zu schätzen, womit sich dessen Relativität demonstriert. Was zudem eine Generation errungen hat, das ist für die folgende Generation schon eine Selbstverständlichkeit und sie sucht nach neuen Ufern. Auch das Begehren als eine nicht endende Triebfeder des Menschen, wie ihn Jacques Lacan beschrieben hat, erweist sich für die EU als gefährlich, wenn dieses Begehren nicht durch Achtung aufgefangen oder durch andere Interessen abgelenkt wird.

Beispielsweise durch eine Idee Europa! Doch was munitioniert eine solche Idee? Die Religion – das besungene christliche Abendland – kann es in einer multikulturellen Welt nicht mehr sein. Dergleichen kommt über das Nationale nicht hinaus, das ja nur abzugrenzen und zu diskriminieren vermag, sich abschließen will, indem es andere ausschließt, haben manche EU-Bürger Angst, demnächst Großbritannien verlassen zu müssen – eine Angst erzeugende Diskriminierung.

Die Grundlagen der Verfassungen der EU-Gründungsmitglieder wie auch diejenigen Spaniens und Skandinaviens ruhen ja auch keinesfalls auf dem Christentum, sondern sind vor dem Hintergrund von Religionskriegen seit der frühen Neuzeit auf säkularer Basis entstanden – kann man dabei auf fünf Philosophen verweisen nämlich Spinoza, Hobbes, Locke, Rousseau und Kant. Somit ruht die Demokratie doch auf sich selbst und nicht auf religiösen Kategorien, leben heute in Europa viele Bürgerinnen, die Religiosität längst aufgelassen haben. Aber dieser Säkularismus steht heute auch unter Druck. Immer noch viele würden einen säkularen Humanismus nicht als Leitkultur anerkennen. Ein dementsprechendes Rechtsstaatsdenken bleibt ein Grundgedanke, der nicht notwendig in die Idee Europas ausläuft.

Das gilt natürlich auch für eine europäische Kultur, die es zuletzt vielleicht im Hochmittelalter gab. Zwar führt Kultur nicht in den Nationalstaat zurück, da Kultur primär auf der Sprache aufruht, die keine Nationalstaatsgrenzen kennt. Aber Kultur führt auch nicht notwendig nach Europa. Dem stehen unterschiedliche Sprachen entgegen, die nicht durch das Englische ersetzbar sind. Durch den Brexit könnte sich Europa vielleicht wieder stärker auf die eigenen Sprachen besinnen, beispielsweise durch eine massive Förderung des Fremdsprachenunterrichts an den Schulen und Hochschulen. Soll das Englische die globale Spreche werden, Europa muss stattdessen die Vielfalt seiner Sprachen pflegen. Und jede Sprache hat ihren Charme. Also der Brexit als Chance . . . dem steht die Globalisierung entgegen, die bequemerweise durch das Englische befördert wird.

Gerade daher führen auch die Wissenschaften nicht nach Europa, haben sie schließlich längst ihren europäischen Charakter verloren, von dem Edmund Husserl noch 1937 sprach. Aber sein Titel lautete bereits: *Die Krisis der europäischen Wissenschaften.* Technologien wie Wissenschaften haben weitgehend das Englische eingeführt und längst einen globalen Charakter entwickelt. Sie haben Europa hinter sich gelassen. Sie werden nicht der Träger einer Europa-Idee sein. Und von einer Krise der Wissenschaften lässt sich zurzeit ebenfalls kaum sprechen.

Die Philosophie hat hier schon etwas mehr zu bieten, wenn man vornehmlich an die Philosophie in den romanischen Ländern denkt. Denn sie kümmert sich nicht um eine universelle Gattungsethik, sondern um den anderen Menschen, der mich nach Emmanuel Lévinas ob seiner Fremdheit in die Verantwortung ruft. Sie fordert dazu auf, dem einzelnen Ereignis dadurch Gerechtigkeit widerfahren zu lassen, dass man diesem nach Jacques Derrida dekonstruktiv nachspürt. Sie fordert zur Pietät gegenüber dem Lebendigen auf, indem man nach Gianni Vattimo nicht von der Stärke, sondern von der Schwäche des Denkens ausgeht. Damit entsteht eine Ethik, die das Individuum als mündig akzeptiert und zugleich seine individuelle Verantwortung für seine Mitmenschen und die Natur betont – die Grundlage der Zivilgesellschaft, die alleine einen Hang zur Gemeinsamkeit in Europa entwickeln kann: von Camus' und Sartres Fähigkeit des Zeitgenossen zum Widerstand bis zur Lebenskunst von Foucault – vermittelt durch das mittelmeerische Denken, das Islam und Christentum vermitteln müsste. Dabei geht es darum Verantwortung für andere zu übernehmen, beispielsweise wie Camus für verfolgte Juden, und jeder Diskriminierung und jedem Ausschluss anderer zu widerstreiten. Just in dieser existentialistischen und poststrukturalistischen Tradition – den Pragmatismus von John Dewey und den Neopragmatismus von Richard Rorty nicht zu vergessen – wurde der Zivilgesellschaft der Boden bereitet und zwar im Zusammenspiel von Hedonismus und einer individuellen Ethik, in der es um die eigene Lebensgestaltung der Bürgerin geht, die selbstredend politische Verantwortung übernimmt, was auch der EU ein philosophisches Fundament legen könnte: Symbol dafür wäre das unter der Ägide von François Mitterrand gegründete *Collège international de philosophie* in Paris, dessen erster Direktor Jacques Derrida war. Derart erhielte Europa ein Fundament in der Zivilgesellschaft, die auf einer Ethik als Verantwortung und einer Philosophie der Lebenskunst aufruht. Natürlich können Bürgerinnen dabei anderen ethischen Orientierungen folgen, ob universalistischen oder religiösen.

Dazu ist nötig, dass Zeitgenossen aus verschiedenen Ländern miteinander Kontakte pflegen, sich begegnen, wenn sie gemeinsame Sprachen sprechen. Sie folgen einer gemeinsamen hedonistischen Lebensart – *Charlie Hebdo*, das *Straßencafé*, das *Bataclan* –, die sie säkular verbindet, ohne davon religiös eingestellte Zeitgenossen auszuschließen, feiern diese auf Kirchentagen oder Jugendtreffen längst ganz ähnliche Feste, verteidigen heute gerade die großen christlichen Kirchen und ihre engagierten Mitglieder die offene Gesellschaft gegen Populismus mit seinen totalitären Implikationen.

Die Bürgerinnen haben – nicht nur – in Europa ähnliche Probleme und sollten erkennen, dass sie der europäische Einigungsprozess miteinander verbindet und ihnen das Leben erleichtert und verbessert. Es ist nur zu hoffen, dass daraus weiterhin ein gemeinsames Grundgefühl entsteht, das die nationalen Grenzen überschreitet. Zwischen den Bevölkerungen in den EU-Mitgliedsstaaten vor 1989 hat sich hier sicherlich mehr Freundschaftlichkeit entwickelt als zwischen den Bevölkerungen dieser alten und den später hinzugekommenen Staaten, die auch in einen viel schwierigeren Prozess gerieten nicht zuletzt dadurch, dass in vielen Ländern nationalistische Strömungen entstanden, die der EU feindlich gesonnen sind.

Und dann ist da natürlich noch die Ökonomie, die für viele das Bewusstsein der Zeitgenossen prägt. Wenn es eine Dynamik gibt, die Europa befördert, dann in dieser Art und Weise, die indes auch Widerstand provoziert – von alten Linken und neuen Rechten gleichermaßen. Beide bekämpfen immer noch den Kapitalismus – die Linken ernsthaft, die Rechten simulieren es manchmal –, anstatt den Kapitalismus ökologisch, sozial- und christdemokratisch zu domestizieren – das wäre höchstens was für gemäßigte Linke, für Nationalisten gar nichts. Daher gibt es auch keinen automatischen ökonomischen Zug nach Europa. Aber – das betont César Rendueles im Sammelband *Die große Regression*, der 2017 die Erfolge des Populismus von primär Linken diskutieren lässt – nicht die Krisen des Kapitalismus bestimmen die Entwicklung, sondern seine Erfolge. So schreibt Rendueles: „Tatschlich ist Europa nicht deshalb wichtig, weil es sich um Europa handelt, sondern im Gegenteil, weil die kontinentale Union – trotz der Europa anhaftenden politischen, gesellschaftlichen und kulturellen Traditionen – einen Schritt zum Aufbau einer postkapitalistischen globalen Kooperation darstellen könnte."[1] Aber sicherlich keine, die den Kapitalismus aufhebt, ihn höchstens domestiziert – war der Realsozialismus für Mensch und Natur noch viel destruktiver – ist der Nationalsozialismus in diesem Zusammenhang nicht der Rede wert.

So bleibt Europa den Bürgerinnen überlassen, einem Teil zumindest, jenen die sich als Europäerinnen verstehen und nicht als Untertanen eines untergegangenen kriegslüsternen Reiches. Aber vielleicht ist es bei diesen Bürgerinnen nicht in den schlechtesten Händen. Dagegen sägen Politiker, die Europa für reformbedürftig erklären, am europäischen Haus. Die europäischen Institutionen müssen endlich verteidigt und nicht ständig reformiert werden. Europa braucht keinen Neustart. Es wird dabei auf die europäischen Zivilgesellschaften ankommen, aber natürlich auch auf kluge institutionell agierende Politiker. Die Zivilgesellschaft benötigt selbstredend die repräsentative Demokratie, Recht- und Sozialstaat und umgekehrt hängt angesichts populistischer Herausforderungen die Demokratie von der Zivilgesellschaft ab. Wenn beide auseinanderdriften wie 2018 in Italien, dann ist Europa gefährdet. Trotzdem hat die Demokratie in Westeuropa wahrscheinlich anders als Weimar heute genügend mündige Bürgerinnen, die keine Untertanen mehr sein wollen. Ob Europa indes genügend Europäerinnen hat, das muss sich erst noch erweisen.

---

[1] César Rendueles, Globale Regression und postkapitalistische Gegenbewegungen; in: Heinrich Geiselberger (Hrsg.), Die große Regression, Berlin 2017, 246

POPULISMUS ALS ANGRIFF AUF DIE ZIVILGESELLSCHAFT

Populisten und Nationalisten schaffen es dagegen, in einzelnen Ländern rings um die westliche Welt gelegentlich in politisch führende Positionen zu gelangen – die Beispiele liegen auf der Hand: Salvini, Trump, Orban oder Kaczyński, May, Erdoğan und Putin. Sie bedrohen die Europäische Union, die internationale Zusammenarbeit sogar auf ökonomischer Ebene, den in den letzten Jahrzehnten entstandenen sozialen Pluralismus sowie die demokratischen Strukturen, die unter anderem die Gewaltenteilung, die freie Presse und Wissenschaft sowie diverse Teilhabe-Rechte schützen, seien es die von Frauen, von sozial Marginalisierten, von Flüchtlingen oder solche Rechte, bei denen es um den Schutz der Umwelt geht. Der US-Präsident führt das fleißig vor. Salvini hängt sich dran. Wenn Le Pen dessen Wahlkampfparolen kopiert, wenn ökonomische Abschottung Erfolge feiern sollte, dann könnte indes Castro Recht behalten bzw. könnte man auch wieder mal das Experiment des Sozialismus in einem Land probieren. Warum muss es ein populistischer ‚Kapitalismus in einem Land' sein?

Die deutschen Populisten hatten ihre ersten Erfolge, als sie sich quasi an die Spitze einer Bewegung zu setzen vermochten, die sich vehement gegen die von der Regierung Merkel betriebene Politik zur Stützung des Euro richtete. In der Kritik an dieser Politik vereinten sich Vertreter praktisch aller politischen Lager: Radikale wie gemäßigte Linke, die den Euro immer schon als neoliberales Machwerk betrachten; Liberale, denen diese Politik entweder zu etatistisch ist oder die teilweise auch wieder auf die alte nationalliberale Karte setzen; Konservative, die immer noch der D-Mark nachtrauern als Ersatz fürs untergegangene Vaterland, das genauso schnell von der Bildfläche verschwand, wie es in den 1870er Jahren auftauchte – und natürlich tendenziell faschistische Nationalisten, die in EU und Euro eine Bedrohung der Souveränität dieses depravierten Nationalstaates erblicken. Populistisch formuliert konnte eine solche Kritik bis zu sehr unterschiedlich motivierten Wählern durchschlagen, die den Euro banal als Grund für Teuerung empfinden oder denen die Griechenlandhilfen entweder zu weit oder nicht weit genug gingen.

Wiewohl die neuen oder alten Linken in der rot-grünen Hemisphäre Anteil an der Zivilgesellschaft nehmen, ja sogar ihr den Weg bereiten halfen, so bedrohen sie just diese mit bestimmten Varianten von Kritik – man denke an Paul Mason, Colin Crouch, Žižek oder Wolfgang Streeck; denn sie ziehen dabei am selben Strang wie Rechtspopulisten à la Sloterdijk, Safranski, Botho Strauß oder Jirgl. Mason argumentiert wie Sloterdijk apokalyptisch und erwartet prophetisch auch dasselbe: „Entweder wir beseitigen die Marktwirtschaft geordnet, oder sie wird in abrupten Schüben ungeordnet zusammenbrechen.“[1] Es handelt sich offenbar um einen Ordnungsliebhaber, dessen Prophetie freilich schon wieder ein paar Jahre her ist! Und der Kapitalismus ist immer noch nicht untergegangen! Trotzdem soll man in Panik geraten, rational begründete, wohlgemerkt.

Mit ihrer Fundamentalkritik am Kapitalismus, an der Demokratie, die nach Crouch von Medien und Finanzka-

---

[1] Paul Mason, Postkapitalismus – Grundrisse einer kommenden Ökonomie (2015), Berlin 2016, 332

pital bevormundet wird, an den gemäßigten Linken, die sich nach Žižek mit dem Kapitalismus abgefunden hätten, oder an EU und vor allem am Euro, beide nach Streeck neoliberale Produkte, haben diese Linken wahrscheinlich wider Willen, aber objektiv dem Populismus in die Hände gespielt. Die Antwort liefern völkische Nationalisten, die den Kapitalismus nationalsozialistisch organisieren, die Demokratie identitär auf eine Anführerfigur hin ausrichten, EU und Euro auflösen wollen, denen dann Linke womöglich applaudieren oder zumindest deren Wähler verstehen können. Es klingt eher nach Drohung denn als Warnung, wenn Sloterdijk ähnlich prophetisch wie Mason oder auch Bruno Latour schreibt: „Aller Voraussicht nach wird die erste Hälfte des 21. Jahrhunderts an die Exzesse des 20. Jahrhunderts erinnern."[1] Immerhin sind beinahe schon fast zwei Jahrzehnte vergangen und die Exzesse – so schlimm sie sind – lassen sich doch schwerlich vergleichen. Und worauf hofft man bei den bundesrepublikanische Populisten: auf eine friedliche Revolution – man erinnere sich nur an 1933. Aber das ist selbstverständlich keine Diskriminierung!

Allemal ließ sich aus einer solchen Gestimmtheit verbunden mit einer EU-Skepsis, die Politiker aller Parteien seit Jahrzehnten befeuerten, eine Hoffnung auf nationale Lösungen generieren, die ihren diffamierenden Charakter umso nachhaltiger angesichts der Willkommenskultur 2015 entbergen oder wenn Trump Strafzölle einführt und Mauern bauen möchte. Das ist eine ausgrenzende Verteilung von sozialen Ressourcen und Chancen, damit verbunden die Diskriminierung von Minderheiten jedweder Couleur insbesondere von Migranten oder jener, die wie die Homosexuellen in den letzten Jahrzehnten gewisse Emanzipationserfolge erringen konnten.

---

[1] Peter Sloterdijk, Was geschah im 20. Jahrhundert? Unterwegs zu einer Kritik der extremistischen Vernunft, Berlin 2016, 59

Solche politischen Stilmittel verbreiten sich auch in den demokratischen Parteien und zwar praktisch in allen politischen Lagern, sicher am stärksten bei den Konservativen – man denke an die CSU, die sich darin von ihrer populistischen Konkurrenz nicht unterscheidet –, aber selbst bei den Parteien am linken Rand – Sahra Wagenknecht, die wenig verwunderlich Populisten-Wähler *versteht*. Selbst bei den Ökologen existieren gewisse nationalstaatliche Reflexe, wenn man die Globalisierung bekämpft und in der Umweltpolitik indirekte Feindbilder entwickelt, die durchaus Ausgrenzung zum Ziel haben: die Atomindustrie, die Öl- und Kohleförderung, die konventionelle Landwirtschaft, den Pkw-Verkehr. Man denke auch an den vergleichsweise harmlosen Vorschlag eines bundesweiten Veggieday, bei dem wunderbare umweltpolitische Gründe, Ernährungspädagogik und die Gesundheitsfürsorge zusammenspielen, was aber als Disziplinierungsdispositiv ein- und ausschließend wirkt. Dagegen hat der damalige Bundeskanzler Gerhard Schröder die Atom-Industrie beim Atom-Ausstieg mit eingebunden. Manchmal sitzen Vertreter der Zivilgesellschaft mitten in der Bundesregierung!

Die Europäische Union sieht sich mit vielen Feinden konfrontiert, selbstredend mit jenen, die dem Nationalstaat nachhängen. Daher sind viele daran interessiert, die EU zu schwächen. Aus einer populistischen US-amerikanischen Perspektive haben Nato und EU ihren Sinn mit dem Ende des kalten Krieges verloren. Hätte man viele kleinere Partner in Europa, ließen sich diese leichter lenken, könnte man den Niederlanden oder Italien aber auch Deutschland bilaterale Handelsverträge aufnötigen. Auch darin zeigt sich der Sinn Europas.

Eine starke EU oder auch ein starkes Kern-Europa fürchten auch die EU-Feinde in Europa. Ein Europa der zwei Geschwindigkeiten würde ja diejenigen Länder in der zweiten Reihe letztlich dazu zwingen, sich diesem

Kern-Europa anzupassen. Die zweite Reihe will erstens nicht zweitrangig sein. Zweitens hätte sie weniger Mitsprache. Drittens würde ein erfolgreiches Kerneuropa Attraktionskräfte auf die zweite Reihe ausüben. Seltsamerweise war das Europa der zwei Geschwindigkeiten bis vor allerjüngster Zeit auch unter angeblichen EU-Freunden verpönt. Da gibt es sicher echte, die es naiv ernst meinen, zumeist sympathische Sozialdemokraten. Und es gibt die falschen, die unter der Flagge Europas sich so verhalten, dass der europäische Zug immer mehr Verspätung bekommt. Ein schwaches Gesamt-Europa lässt den EU-Gegnern wie den scheinbaren Freunden breitere nationalstaatliche Spielräume – die weitere Perspektive eines *Europe de Patrie* De Gaulles.

Institutionelle Strukturen, wie sie die EU ausbaut, schwächen die Nationalstaaten. Aber zivilgesellschaftliche Aktivitäten finden zumeist außerhalb der Institutionen statt und üben auf die Nationalstaaten Druck aus. Wenn zwischen EU und den Mitgliedsstaaten eine Art Machtbalance entsteht, wenn Institutionen damit Macht teilen müssen, dann wird deren Macht dadurch begrenzt, was die Beeinflussbarkeit durch zivilgesellschaftliche Institutionen sicher nicht mindert, eher erhöht, wobei Einfluss auch ohne die direkte Durchsetzung von außerinstitutionellen Interessen möglich ist. Wie die Zivilgesellschaft steht die EU daher für Gewaltenteilung und zwar in einem weiteren Sinn, über den Odo Marquard bemerkte: „Die politische Gewaltenteilung ist nur ein spezieller Fall jener durchgängigen Gewaltenteilung der Wirklichkeit, von der der skeptische Zweifel ein anderer spezieller Fall war und ist: beide gehören zur individuogenetischen Wirksamkeit der umfassenden Buntheit der menschlichen Lebenswirklichkeit."[1] Marquard benutzt einen weiten Gewaltenteilungsbegriff, der sich auf das Verhältnis zwischen Zivilgesellschaft, EU und Nationalstaat anwenden lässt. Die Zivilgesellschaft schwächt die Legislativ- und Exekutivgewalten des Nationalstaates, der auf der anderen Seite auch Macht an die EU abgibt. Eine durch diese Konstellation sich verstärkende Gewaltenteilung öffnet größere Spielräume für die Zivilgesellschaft, so dass es auf dieser abstrakten Ebene ein Interesse der Zivilgesellschaft an der EU gibt.

Das sehen aber längst nicht alle so, die an der Zivilgesellschaft partizipieren. Gerade Linke und Grüne betrachten die EU als Hort des Neoliberalismus, der den Sozialstaat abbauen und die Umweltstandards senken möchte. Die Zivilgesellschaft ist allemal keine homogene Szene. Und es gibt dabei sogar gewisse Affektionen zu Themen, die von der antizivilgesellschaftlichen Rechten propagiert werden. Manche merken gar nicht, dass sich hier ein tiefer Graben öffnet, dass Populismus und nationalistische Orientierung nichts mit der Zivilgesellschaft zu tun haben. Doch wenn der Populismus sich durchsetzt, dann tritt genau das ein, was Ivan Krastev im Sinn von Schmitt beschreibt: „Heute ist der Primat der Politik wiederhergestellt und Regierungen gewinnen wieder die Fähigkeit zu regieren, allerdings – wie es im Augenblick scheint – auf Kosten individueller Freiheiten."[2] Wenn der Populismus an die Macht kommt, dann leidet unter dem Anspruch auf Souveränität die Gewaltenteilung, die Zivilgesellschaft, das Individuum und die EU. Das gilt jüngst für Italien, Österreich, Polen, Ungarn und die USA.

---

[1] Odo Marquard, Sola divisione individuum. Betrachtungen über Individuum und Gewaltenteilung (1988); in: ders., Individuum und Gewaltenteilung – Philosophische Studien, Stuttgart 2004, 83

[2] Ivan Krastev, Auf dem Weg in die Mehrheitsdiktatur? in: Heinrich Geiselberger (Hrsg.), Die große Regression, Berlin 2017, 133

Bezeichnenderweise ersetzen Populisten das Wort Europa durch Abendland, ohne auch nur im entferntesten zu ahnen, dass sich der Komplex, der sich seit dem Römischen Reich unter dem Begriff Abendland präsentiert, dem Rassismus und der Fremdenfeindlichkeit völlig entzieht. Das Abendland ebnet den Weg nach Europa und führt in griechischer, römischer wie in mittelalterlicher Perspektive vor, dass der Nationalstaat des 19. Jahrhunderts der fatale Abweg war, der in Vernichtungskriege führte. Vielmehr hieß Abendland offene Grenzen, Pilgerströme, Händler, Handwerker, Studierende, die überall durchzogen und sich überall niederließen. Rom und das Mittelalter kannten keine ethnisch konstruierten Völker, sondern nur Bevölkerungen, wenn auch von Volk die Rede war, eben von viel Volk und nicht von ‚das deutsche Volk', das es nur in den Köpfen seiner Erfinder gibt. Obendrein gingen die Römer im Gegensatz zu den Athenern mit dem römischen Bürgerrecht sehr großzügig um. Den Athenern werden im Peloponnesischen Krieg die Bürger ausgehen, die Vorherrschaft Athens in Hellas nach einem halben Jahrhundert enden. Ein von Rom aus verwaltetes Imperium besteht dagegen ein Jahrtausend lang und zieht sich rund um das Mittelmeer, lagen die wichtigsten Provinzen in Afrika und Asien, nämlich Ägypten, Africa und Kleinasien, während die niedergermanischen Legionen häufig schlecht bezahlt wurden.

Wenn folglich Rechtspopulisten das Ende von Rot-Grün beschwören, bedeutet das nichts anderes, als auf den Untergang des Abendlandes zu hoffen, das Ende der Zivilgesellschaft und der EU, und die Wiederkehr der Kriegergesellschaft des 19. Jahrhunderts, deren Leittypen nach Richard Rorty der Krieger und der Priester waren. So hörte man bezeichnenderweise im Gefolge des US-Wahlkampfes 2016 nicht nur die Rufe „America first" oder gar „Amerika den Weißen", sondern auch die Forderung, Politik und Gesellschaft vor die Kennedy-Ära zurückzudrehen – genau die Zeit, als die Zivilgesellschaft im Gefolge von diversen emanzipatorischen Bewegungen ihren Take-off hatte. Wie heißt es doch am 28. August 1963 in der für die Zivilgesellschaft programmatischen *I-have-a-dream*-Rede von Martin Luther King: „I have a dream that one day on the red hills of Georgia, the sons of former slaves and the sons of former slave owners will be able to sit down together at the table of brotherhood." Damit hofft Martin Luther King auf etwas, was ich mit dem Wort *Involution* umschreiben möchte.

So hassen nicht nur Populisten in Europa ein rot-grünes Projekt, das sie zumindest teilweise zurecht für viele Tendenzen der modernen Welt in den letzten Jahrzehnten ähnlich verantwortlich machen wie frustrierte Linke. Diesen Hass teilen sie mit der US-amerikanischen Tea-Party-Bewegung, den Fans des Präsidenten und der fundamentalistischen Christian Coalition, die die sozialen Liberalisierungstendenzen seit den neuzehnhundertsechziger Jahren mit diskriminierender Polemik überziehen. Oder mit fundamentalistischen Katholiken in Polen, die gegen die Abtreibung zu Felde ziehen – das Symbol der Individualisierung als sozialem Prozess, der die Bürger aus ihren traditionellen sozialen Bindungen löst. Denn wer abtreiben kann, der muss nicht heiraten und sich auch nicht mit einem Kind belasten, muss sich also nicht so schnell in eine traditionelle familiäre Ordnung einfügen, die mit seinem Sein langfristig auch sein Bewusstsein prägen wird – die Kalkulation von Traditionalisten.

Einer solchen individuellen Selbstbestimmung soll entweder die Tradition oder die Volksgemeinschaft entgegengesetzt werden. So bemerkt Norbert Bolz bereits 2006: „Bekanntlich ist die Bewegung der Achtundsechziger dann nahtlos in den Feminismus übergegangen, und was beide verknüpft hat, ist der Angriff auf die bürgerliche Familie. All das war so erfolgreich, dass sich seither kein ernstzunehmender Konservativismus mehr formieren konnte. (. . .) Die Kultur der Jobs verachtet die Kultur der Familie. (. .) Eine Frau, die arbeitet, ist unserer Gesellschaft heute mehr wert als eine Hausfrau und Mutter."[1] Solche Forderungen transformierten den Konservativismus in den heutigen Populismus.

Hier klingt aber auch jene Einschätzung an, die vor allem eher linke Vertreter, solchen zivilgesellschaftlichen Entwicklungen vorwerfen, nämlich dass sich deren Bestrebungen von sozialistischen Vorstellungen entfernt und sich stattdessen mit dem Neoliberalismus liiert hätten. So schreibt Nancy Fraser: „In den Jahren, in denen die alte Industrie auf den Hund kam, debattierte man in der Öffentlichkeit der USA vor allem über ‚Diversität', ‚Gleichberechtigung' und den ‚Kampf gegen Diskriminierungen'. Diese Schlagworte verstehen unter ‚Fortschritt' nicht mehr die Zunahme von Gleichheit, sondern den Aufbau einer meritokratischen Leistungsgesellschaft. Sie setzen Emanzipation mit dem gesellschaftlichen Aufstieg der ‚Begabten' unter den Frauen, Minderheiten und Homosexuellen gleich und wollen die The-winner-takes-all-Hierarchie nicht mehr abschaffen, sondern fördern. Dieses liberal-individualistische Fortschrittsverständnis ersetzte nach und nach den weiter gefassten, antihierarchisch-egalitären, klassenbewussten, antikapitalistischen Emanzipationsbegriff der sechziger und siebziger Jahre. Mit der ‚Neuen Linken' jener Epoche verblasste auch deren strukturelle Kapitalismuskritik."[2] Für die Trump-Wähler erscheint Hillary Clinton als Verkörperung dieser Verbindung von Neoliberalismus und Feminismus. Ähnlich stellt Josef Früchtl 2001 fest: „Sosehr die akademische, sogenannte kulturelle Linke, die heterogene Szene

[1] Norbert Bolz, Die Helden der Familie, München 2006, 29

[2] Nancy Fraser, Vom Regen des progressiven Neoliberalismus in die Traufe des reaktionären Populismus; in: Heinrich Geiselberger (Hrsg.), Die große Regression, Berlin 2017, 80

von Protestbewegungen aus Minderheitengruppen, gelernt hat, äußerst differenziert über Geschlecht, Rasse, Ethnie und die verschiedenen Formen der Stigmatisierung zu reden, so sehr hat sie die Phänomene von Geld und Armut aus dem Blick verloren, und das liegt auch an der Art von Theorie, deren sie sich befleißigt."[1]

Sicherlich richtig ist, dass sich die diversen zivilgesellschaftlichen Bestrebungen seit den siebziger Jahren kaum noch um die soziale Frage kümmerten. Wenn Simone de Beauvoir mit ihrer Einschätzung in ihrem Werk *Das andere Geschlecht* aus dem Jahr 1949 Recht behalten hat, dass die Emanzipation der Frauen darauf beruht, dass Frauen von Männern unabhängig werden, d.h. dass sie ihr Geld selber verdienen müssen, dann ist es allerdings banal ihnen eine Verbindung zum Neoliberalismus zu attestieren. Wenn man Vertreterinnen der diversen Emanzipationsbewegung vorwirft, den sozialistischen Horizont verlassen zu haben, dann ähnelt das einem Atheismus-Vorwurf: Alle jene, die der monokausalen ökonomischen Erklärung der Welt nicht folgen, betreiben dann Wirtschaftshäresie. Es gibt kein natürlich gegebenes Primat der Ökonomie, des Geldes oder der Armut im öffentlichen Diskurs. Just das ist die Frage der Theorie: Wittgenstein versus Marx ... oder wer sonst.

Zudem spielen Zivilgesellschaft und Emanzipation keineswegs mit dem Neoliberalismus zusammen, den diesen Gruppen fast durchgängig skeptisch beäugen, wenn man vom Silicon Valley absieht, wo sich in den letzten Jahrzehnten neoliberales Denken breit gemacht hat. Ansonsten hat man nun mal durch die sozialistischen Bewegungen gelernt, dass man in der Breite nicht allzu

---

[1] Josef Früchtl, Demokratische und ästhetische Kultur – Folgen der Postmoderne; in: Thomas Schäfer, Udo Tietz, Rüdiger Zill, Hinter den Spiegeln – Beiträge zur Philosophie Richard Rortys mit Erwiderungen von Richard Rorty, Frankfurt/M. 2001, 266

weit Richtung Gleichheit kommt, fordert man daher lieber die Teilhabe von bisher ausgeschlossenen Gruppen und das offenbar erfolgreich. Dass das keinen Fahrstuhleffekt für alle ergibt, sondern manche bevorteilt, ist für viele jedenfalls kein Argument mehr, haben schließlich alle sozialdemokratischen wie sozialistischen Unternehmungen niemals solche Fahrstuhleffekte, niemals die allgemeine Gleichheit zur Folge. Warum hofft denn kaum noch jemand auf den Sozialismus? Andere Initiativen sind erheblich erfolgreicher. Da marxistisch angehauchte sozialistische Perspektiven verblassen, bleiben nur noch *national* orientierte *sozialistische* Perspektiven: Der Weg vom linken zum rechten Theoretiker. Heute wird umso deutlicher, dass die Gefahr für diese zivilgesellschaftlichen Entwicklungen vom Populismus kommt, nicht vom Neoliberalismus. Natürlich kollaboriert man dann lieber mit einem aufgeklärten Chef von Siemens, als mit metaphysischen Postmarxisten, deren Freude über populistische Erfolge längst nicht mehr klammheimlich bleibt. Frustrierte Linke könnten sich den Rechten anschließen.

Dass sich identitäre Vorstellungen von Volk, Vaterland und Nationalstaat durch faschistische, prä- und protofaschistische Terrorregime selbst zerstörten, nachdem sie im 19. Jahrhundert künstlich auf eine Ethnie hin konstruiert wurden, das können rechte Vertreter natürlich nicht verstehen; noch weniger, dass speziell die völkische Idee von Volk ein metaphysisches Konstrukt ebenfalls des vorletzten Jahrhunderts ist. Denn ihnen geht hinlängliche sprachphilosophische und dekonstruktive Einsicht ab, ähnlich wie vielen linken Theoretikern. Und weil die Gefolgschaft von Populisten strukturell zumeist nur ein ideologisch geprägtes Bewusstsein hat, das so reduktionistisch wie exkludierend von ethnisch reiner nationaler Einheit ausgeht, identitär, nicht differenzierend, damit nichts verstehend, allemal nicht denkend – was sich an Sloterdijk exemplarisch vorführen ließe.

Denn das völkische Volk hat einen ähnlichen Tod erlebt, wie ihn Nietzsche für die Gottesvorstellung seiner Epoche diagnostizierte, wenn seine Zeitgenossen Gott getötet haben. Nur dass die Gottesvorstellung ein paar tausend Jahre überdauerte, das Völkische keine hundert. Doch der Tod des Volkes verdankt sich der politischen Geschichte genauso wie der des Geistes. Im Anschluss an Nietzsche, Adorno und Arendt sind solche Vorstellungen schlicht nicht mehr haltbar, schlicht ausgeträumt. Aber sie wurden nicht von diesen Denkerinnen zerstört, sondern dieses Denken konstatiert nur, was faktisch der Fall ist. Mit den Faktizitäten will völkische und faschistische bzw. identitäre Gesinnung bekanntlich nichts zu tun haben. Sie wollen den historischen Tatsachen nicht ins Auge sehen. Sie hoffen auf eine Erinnerungskultur, die sich wahrscheinlich auf die Heldentaten deutscher Weltkriegssoldaten besinnen möchte, und sie verdrängen dabei, dass diese nicht nur KZs verteidigt haben, sondern durch ihren Krieg die Vernichtungsmaschinerie ermöglichten, die nachhaltig deren eigene Vorstellung von Volk demolierte.

Wegen solch einer Geschichtsvergessenheit, ob solcher Verständnislosigkeit leben wir indes noch lange nicht in einem postfaktischen Zeitalter, nur weil eine Gruppe, die weder durch besondere epistemologische Kompetenz noch durch Kommunikativität glänzt, sich den Fakten wie der Historie verweigert und in den sozialen Netzwerken Propaganda verbreitet.

Allerdings lassen sich die Fakten längst nicht mehr einfach und generell diagnostizieren und von Verzerrungen oder Verfälschungen abgrenzen, wie es die Vertreter des Universalismus und der analytischen Philosophie beschwören, was nicht daran liegt, weil diesen Sachverhalt böse postmoderne Philosophen aufdeckten, sondern ebenfalls an einer komplexen Wirklichkeit, in der man viel genauer die Sachverhalte analysieren muss, als es sich naive Realisten vorstellen, die aus verschiedenen weltanschaulichen Lagern kommen und verschiedene Realitäten behaupten.

Dieser naive Realismus, dem die Welt so selbstredend klar erscheint, hat die Türe für Falschmeldungen geöffnet, nicht die Frage, was Fakten sind, nicht Heideggers Frage nach dem Sinn von Sein oder Wittgensteins Einsicht, dass Sprache keine eindeutigen Bedeutungen entfaltet. Sondern unter anderem ein marxistischer Kritizismus, der berühmte Ideologieverdacht, der hinter jedem beliebigen Urteil ein Kapitalinteresse vermutet und der nicht zugeben kann, dass es Urteile gibt, die mit dem Kapitalismus und Ökonomie nichts zu tun haben. So wie man beliebig Beziehungen zwischen Urteilen herstellen kann, so kann man natürlich jedes Urteil mit der Ökonomie verknüpfen. Das Verfahren lässt sich eben auch just anders anwenden, nämlich bösen Eliten und Medien unterstellen, dass sie die Untertanen / das Volk manipulieren. Die vom Marxismus naiv angewandte Kritik öffnete die Türe für Kritik jedweder Art, ob religiös oder rechtsradikal. Erstere hatten das schon längst begriffen, letztere haben dazu eigentlich recht lange gebraucht. Auch die Orientierung an einer vermeintlich vorliegenden Wirklichkeit, wie sie die analytische Philosophie unterstellt, eröffnet gerade die Chance, die Wirklichkeit umzudeuten, anstatt über die Struktur von Wirklichkeit nachzudenken: Die radikale Kapitalismus- und Emanzipationskritik der intellektuellen Linken hat dem Populismus den Weg bereitet, nicht der späte Wittgenstein.

Bruno Latour insistiert dabei darauf, dass sich gerade die Populisten-Anhänger in den USA, die nicht anerkennen wollen, dass der CO_2-Ausstoß an der Klimaerwärmung beteiligt ist, damit geschickt einer Einsicht in die Fakten bzw. Realität verweigern. Er schreibt: „Es hat keinen Sinn, sich darüber aufzuregen, dass den Trump-Wählern ‚die Fakten egal' sind. Sie sind nicht dumm. Es ist vielmehr so: Gerade *weil* die geopolitische Situation insgesamt verleugnet werden muss, wird die Gleichgültigkeit gegenüber Fakten so essenziell."[1] Da die USA den höchsten CO_2-Ausstoß haben, müssten sie diesen am stärksten senken, was der US-Wirtschaft natürlich massive Schwierigkeiten bereiten könnte, wären die US-Bürger in ihrer Lebensweise davon am stärksten betroffen. Indem sie das ablehnen, verweigern sie auch der Staatengemeinschaft die Solidarität, demonstrieren sie, dass es ihnen gleichgültig ist, wenn viele Inseln von der Landkarte verschwinden werden. So unmoralisch dürfen sie sich selbst indes nicht präsentieren. Also erklären sie den Klimawandel für nicht vom CO_2-Ausstoß verursacht. Freilich gehört Latour zu den Klima-Apokalyptikern, wenn er schreibt: „Trump führt das Land an, das von einer Rückkehr zur Realität, einer Kehrtwende in Richtung des Attraktors Erde am meisten zu verlieren hätte. Die Entscheidung mag wahnsinnig sein, rätselhaft ist sie nicht. Man muss kein Hellseher sein, um zu wissen, dass das Ganze in einem Flammenmeer enden wird. Darin liegt die einzige wirklich Parallele zu den verschiedenen Faschismen."[2] Solcherart Dramatisierung verdankt sich aber der Apokalyptik. Zudem ist es nicht nur eine Parallele. Der Populismus ist die neue Form des Faschismus, eine Wiederkehr von Weimar in den USA, wobei man durchaus hoffen darf, dass die US-Institutionen und die US-Bürger verhindern werden, dass die trumpsche Variante des Faschismus nicht überhandnimmt und die Demokratie zerstört.

---

[1] Bruno Latour, Refugium Europa; in: Heinrich Geiselberger (Hrsg.), Die große Regression, Berlin 2017, 146

[2] Ebd., 147

NICHTDISKRIMINIERUNG ALS ETHOS DER ZIVILGESELLSCHAFT

Jedenfalls macht traditionelle, religiöse oder völkische Gesinnung Rot-Grün nicht zu Unrecht für viele Tendenzen der postmodernen Welt verantwortlich. Entwicklungen, die das metaphysische Denken des 19. Jahrhunderts obsolet werden ließen, verdanken sich der mündigen und widerständigen Bürgerin, die zuerst der französische Existentialismus von Camus, Sartre und de Beauvoir bezeichnenderweise im Angesicht des nazi-deutschen Terrors entdeckte – und angesichts des Rechtspopulismus erlebt der Existentialismus nicht von ungefähr eine gewisse Blüte, ist die mündige Bürgerin, die sich dem Gebären verweigert, der Hingabe und dem Opfer, schließlich der Hauptfeind des Traditionalismus à la Bolz, des Rechtspopulismus wie des Islamismus und leider auch einer radikal linken Denkungsart ob bei Streeck, Fraser oder Früchtl.

Seit den fünfziger Jahren entstanden immer wieder Bewegungen, in denen sich Bürgerinnen gegen Diskriminierungen der alten Kriegergesellschaft wehrten: die Farbigen in den USA, die rebellische Jugend der sechziger Jahre, seit den Siebzigern die Frauen, die Umweltbewegung, die Friedensbewegung, die Bürgerrechtsbewegungen in vielen Ländern des damaligen Warschauer Paktes, die Schwulen- und Lesbeninitiativen in den letzten Jahrzehnten, bis hin zu *Attac* und *Occupy*. So diagnostiziert Frank Schirrmacher ähnlich wie Bolz, Sloterdijk und

Streeck: „Der Grad der Ausbildung einer Frau ist mittlerweile eine feste Größe für Kinderlosigkeit und die Verschiebung stabiler Partnerschaften."[1] Alles was sich aus diesen Initiativen entwickelte, würden nicht nur Rechtspopulismus und Islamismus gerne rückgängig machen. Deswegen sind sich die scheinbar feindlichen Brüder ja auch so verwandt. Gesellschaftspolitisch wollen sie jenseits der Kleiderordnung fast dasselbe, kriegerisch auch. So gibt es eine Linie von Salvini über Erdoğan zu Mohammed Mursi, in die sich Bolz, Schirrmacher und Sloterdijk einreihen. Alle wollen sie Identitäten festschreiben.

Dagegen haben sich den Bestrebungen der entstehenden Zivilgesellschaft demokratische Parteien und staatliche Institutionen angeschlossen – und das hat die nachhaltige Wende der westlichen Welt ermöglicht –, gingen die damit verbundenen Forderungen ja nicht originär von den Staaten oder politischen Parteien aus, sondern Bottom-up von den mündigen Bürgerinnen. Deswegen beharren erzkonservative Kleriker darauf, dass sich die katholische Kirche nicht verändert. Aber sie verändert sich doch und zwar durchaus zu ihrem Vorteil, gehören wesentliche Teile von ihr längst zur Zivilgesellschaft.

Damit intensivieren mündige Bürgerinnen die Individualisierungsprozesse des 20. Jahrhunderts und verteidigen deren Errungenschaften, was rechtspopulistischen und islamistischen Bestrebungen wiederum ein Dorn im Auge ist. Die mündige Bürgerin gehört nämlich sich selbst und bestimmt über sich selbst, ob sie Kinder bekommt, ob und wann sie sich auf eine feste Beziehung einlässt. Ihre sexuelle Praktik betreibt sie längst jenseits davon. Dagegen gehört der Untertan der Volksgemeinschaft und der fundamentalistisch Gläubige seiner Reli-

---

[1] Frank Schirrmacher, Minimum – Vom Vergehen und Neuentstehen unserer Gemeinschaft, München 2006, 18

gionsgemeinschaft, die beide fleißig zu reproduzieren haben. Viele Katholikinnen folgen indes schon lange nicht mehr der Top-down-Sexualmoral des Vatikans, sondern sind mündig geworden, während sie sich nach Bolz oder Schirrmacher wie bei den Populisten wohl lenken lassen sollten und an den Herd zurückkehren, als wenn man berechtigt wäre, das von Frauen zu verlangen. Aber wenn die Gemeinschaft das Primat hat wie bei Schirrmacher, dann bliebe Frauen nichts anderes übrig, dann hätte der Staat das Recht, die Lebenswelt von Frauen so zu organisieren, dass diesen wie im 19. Jahrhundert fast nichts anderes bleibt, als die Rolle von Ehefrau und Mutter auszufüllen.

Dazu sieht sich auch Sloterdijk legitimiert, will er in *die Unterwürfigkeit der Frau* (John Stuart Mill) wie des Mannes zurück und zwar im Anschluss an jene Anthropologie, die Arnold Gehlen – Mitglied des NS-Dozentenbundes, erscheint dessen frühes Hauptwerk 1940 – entlang von Züchtungsphantasien entwirft. Gehlen geht vom Menschen als Mängelwesen aus, das Entlastungen durch Technik, Institutionen und Staat benötigt und das es entsprechend zu züchten gilt. Ähnlich braucht für Sloterdijk der Mensch dafür, dass er seine natürlichen Instinkte verloren hat, eine Kompensation, die ihm durch Unterordnung unter Autoritäten gelingt. „Die Kompensation geschieht mit Hilfe von Systemen der symbolischen Führung," so Sloterdijk, „die Instinkte durch Autoritäten ersetzen – ein Motiv, das um die Mitte des 20. Jahrhunderts in den Schriften Arnold Gehlens entfaltet wurde. Die symbolischen Ordnungssysteme entlasten jedes einzelne Menschenjunge von der von ihm allein unmöglich zu lösenden Aufgabe, die Erfahrungen und Erfindungen seiner Vorfahren allein aus sich selber noch einmal zu erzeugen."[1] Als Menschenjunges versteht sich die mündi-

[1] Peter Sloterdijk, Was geschah im 20. Jahrhundert? Berlin 2016, 49

ge Bürgerin bestimmt nicht, noch dazu wenn sie de Beauvoir gelesen hat. Aber für Sloterdijk ist sie just daher umso mehr ein Menschenjunges. Freilich zeigt sich, dass die Erfahrungen der Evolution gar nicht wiederholt werden müssen. Dazu gibt es ja die Evolution. Schon Kinder spielen mit dem Smartphone und brauchen nicht zu lernen, vor Bären davonzulaufen, sondern wie man die Straße überquert oder sich im WWW bewegt.

Deshalb zählen populistische wie islamistische Bestrebungen in der westlichen Welt nicht zu der sich entwickelnden Zivilgesellschaft. Denn als der entscheidende Unterschied zwischen Zivilgesellschaft und antizivilgesellschaftlichen Aktivitäten erweist sich deren diskriminierende Propaganda und Politik, die darauf abzielt, Minderheiten jedweder Art aus dem politischen Diskurs und sozialen Prozess zu entfernen. Dadurch aber schließen sich solche Bestrebungen selbst aus der Zivilgesellschaft aus, deren Ethos sich aus dem Prinzip der Nichtdiskriminierung schält. Wer den Pluralismus nicht anerkennt, der kann sich nicht auf pluralistische Strukturen berufen, der sollte höchstens wie gewisse rechtsradikale Parteien ob deren Belanglosigkeit und Einfalt toleriert werden.

Doch als so belanglos erweist sich der Rechtspopulismus seit dem Brexit, der US-Wahl 2016, Salvini und Le Pen, allemal nicht mehr. Daher ist es an der Zeit, dass Rechtsstaat, Politik und vor allem Zivilgesellschaft die pluralistischen wie demokratischen Spielräume nicht nur Islamisten, sondern vielmehr vor allem jenen verweigern, die den Pluralismus nicht als Lebenschance für sich selbst wie für andere begreifen. Man kann zum Pluralismus nur dazugehören und darin seine Existenz rechtfertigen, wenn man den Pluralismus als positiv anerkennt, nicht wenn man ihn identitär zu überwinden trachtet – auch nicht wenn man ihn nur vorübergehend aufheben will, um ihn dann in einer fernen kommunistischen Zukunft wieder aufblühen zu lassen. Keiner kann, wie es Arendt formulierte, darüber entscheiden, mit wem er zusammen die Erde bewohnt. Also muss er zu teilen bereit sein, just auch das Land, in dem er lebt, das Populisten jedweder Couleur jeweils ausschließlich nur für sich beanspruchen. Davor muss man sich schützen, d.h. die Demokratie, den Pluralismus, den Individualismus und – sorry – auch den Kapitalismus.

Denn weder Populismus noch Islamismus verstehen sich als einzelne besondere Strömungen in der Vielfalt vieler Lebensformen, sondern halten die eigene Lebens- und Glaubensweise identitär für die jeweils einzig richtige, was andere Menschen nicht aus Versehen diskriminiert, sondern vorsätzlich: Die Juden galten den Nazis als lebensunwertes Leben, nicht mal als Menschen, mit denen sie die Erde nun mal nicht teilen wollten. Illegale und Eingewanderte haben für den Populismus kein Recht auf Leben in dem Land, in dem sie sich befinden. Viele Islamisten haben kein Problem damit, Ungläubige zu ermorden, werden vor allem religiöse Minderheiten verfolgt. Die niederen Beweggründe, ihr gedankenloser Gehorsam, den alle drei teilen, ob sie sich auf einen Gott, ein Volk oder einen Führer berufen, werden zur Tugend erhoben und heroisiert – wie bei den Nazis, in fast jedem Militär. Die Wende kam mit den Nürnberger Prozessen, als sich die Angeklagten wie Eichmann in Jerusalem mit ihrer Untertänigkeit herausreden wollten und damit den gedankenlosen Gehorsam in seiner so diskriminierenden wie mörderischen Banalität präsentierten.

Während die Nazis immerhin versuchten, zumindest ihre Genozide zu verschleiern, morden Islamisten öffentlich im Internet oder im Stil einer Fernsehshow. Die diskriminierenden Bestrebungen sind radikaler geworden als die Nazis – man denke nur an jenen norwegischen Massenmörder auf Utøya, der sich nach wie vor gar nicht schämt, das banale Böse als Gutes zu propagieren: in deren Sinn herrscht ein Vernichtungskrieg zwischen kämpfenden Einheiten: dann kann es nur um die Vernichtung des anderen gehen: dann sind Morde an den anderen Heldentaten, die man aller Welt demonstriert. Wie bemerkt doch Arendt: „Das größte Böse ist nicht radikal, es hat keine Wurzeln, und weil es keine Wurzeln hat, hat es keine Grenzen, kann sich ins unvorstellbar Extreme entwickeln und über die ganze Welt ausbreiten.“[1] Untertänigkeit, Gehorsam und Dienst an einer arbiträren Einheit – so hängen solche kämpfenden Einheiten in der Luft und können sich nur durch Grausamkeit stabilisieren! Manchmal kommt bei manchen mal ein schlechtes Gewissen hoch, die dann dementieren, dass die Attentate vom 11. September 2001 oder vom 13. November 2015 von Islamisten begangen wurden. Aber das ist natürlich nur der Versuch, die eigene Schuld anderen in die Schuhe zu schieben, gemeinhin jenen, die man am meisten hasst. Damit wird die Schuld jedoch anerkannt, wenn auch verschoben.

Dagegen ging und geht es in der postmodernen Zivilgesellschaft grundsätzlich um ein Ende jedweder Formen von Diskriminierung – eine Perspektive die sie mit der EU teilt, für die es auch wesentlich darum geht, in den Mitgliedsländern Diskriminierung zu verhindern. Das ist das gemeinsame ethische Fundament von mündiger Bürgerin, Zivilgesellschaft und Europäischer Union, die Wiederkehr des römischen Abendlandes. Die Zivilgesellschaft entstand aus Bewegungen heraus, die an Prozessen anteilnehmen wollten, von denen diese engagierten Bürgerinnen selbst ausgeschlossen waren. Dabei sollten aber in den meisten Fällen andere nicht diskriminiert bzw. ausgeschlossen werden. Freilich folgt daraus, dass Privilegierte zumeist ihre Privilegien mit jenen teilen müssen, die darauf Ansprüche anmelden, was vielen Privilegierten

[1] Hannah Arendt, Über das Böse (1965/6), München 2006, 77

natürlich missfällt. Denn Privilegien zu teilen, enthebt diese Privilegien ihres privilegierten Charakters, wären sie dann ja auch keine Privilegien mehr. Wenn man sich aber als Züchter sieht, wie Gehlen und Sloderdijk, dann kommt das natürlich einer Diskriminierung gleich, wenn man nicht mehr Menschen züchten darf.

Doch es gehört diskriminierender Rassismus oder entsprechende Frömmigkeit dazu, wenn man als einheimischer Weißer glaubt, Privilegien rechtmäßig zu besitzen, die man Farbigen oder Zugewanderten nicht gönnt. Oder patriarchalische Ansprüche, wenn man Frauen auf die Rolle von Hausfrau und Mutter reduzieren möchte. Oder religiöse Metaphysik, wenn man Homosexuellen nicht dieselben Rechte einräumt wie Heteros. Oder schlichte Brutalität, wenn man Flüchtlingen oder Fremden aus bestimmten Staaten die Einreise verweigert und umso mehr, wenn man sich um seine Wahlerfolge sorgt oder abstruse Wahlversprechen einlösen möchte – man denke hier nicht zufällig an die bayerische Staatspartei. Oder Dummheit, wenn man Zuwanderung ablehnt, die noch dazu die meisten westlichen Staaten aus ökonomischen und demographischen Gründen gut gebrauchen können. Wer Immigration verhindern will versteht die Welt nicht, weiß nicht wie sie funktioniert. Stattdessen halluziniert man ein Volk, das es zu erhalten gelte, dabei muss es erst erfunden und konstruiert werden.

Zudem darf man daran erinnern, dass sich von Europa jahrhundertelang große Migrationsströme in alle Erdteile ergossen, die sich dabei gewaltsam den Weg bahnten. Es handelte sich in der Masse um banale Wirtschaftsflüchtlinge. Just auf derartige Weise entstanden die USA als ein klassisches Einwanderungsland. Heute lamentiert dagegen Sloterdijk: „Wir sind eingetreten in das Zeitalter der Gegenerreichbarkeit (. . .).“[1] Das sollte

[1] Peter Sloterdijk, Was geschah im 20. Jahrhundert? Berlin 2016, 86

nicht allzu sehr verwundern, waren bereits für Adam Smith 1776 in seinem Hauptwerk *Der Wohlstand der Nationen* „Torheit und Ungerechtigkeit (. . .) die vorherrschenden Motive und bestimmen die ersten Pläne zur Gründung der Kolonien: die Torheit, Gold und Silber nachzujagen, sowie die Ungerechtigkeit, den Besitz eines Landes zu begehren, dessen harmlose Eingeborene weit davon entfernt waren, jemals einem Europäer etwas zuleide zu tun. Vielmehr haben sie die ersten Abenteurer mit allen Zeichen von Gutherzigkeit und Gastfreundschaft aufgenommen.“[1] Ob des Kolonialismus und der weltweiten Emigration von Europäern in den letzten Jahrhunderten hat Europa eine moralische Verpflichtung, Menschen umgekehrt nach Europa einwandern zu lassen. Denn europäische Kolonisatoren haben die lokalen Strukturen weltweit zerstört.

Ob man eine bunte, pluralistische bis multikulturelle Gesellschaft vorzieht oder eine mit weniger bunten Einsprengseln, bleibt zwar ein ästhetisches Urteil. Doch ist der Pluralismus ein soziales Faktum, an dem man nirgendwo auf der Welt mehr vorbeikommt – und seit Europas Kolonialismus gar nicht mehr. Eine ethnisch konstituierte und in dieser Hinsicht homogenisierte Gesellschaft lässt sich daher heute wie gestern höchstens mit Terror herstellen, der heute indes noch schlimmer ausarten wird, weil es große Gruppen der Bevölkerung gibt, die eine homogenisierte Gesellschaft bewusst ablehnen – just jene von den Populisten bekämpfte rot-grüne oder religiös aufgeklärte Klientel. Wie muss doch Paul Mason zugestehen: „Die neuen Verhaltensweisen und Überzeugungen, das heutige Maß an Toleranz und die enge Bindung an die universellen Menschenrechte sind Produkte des technologischen Wandels und der Bildung. Dieses Welt-

---

[1] Zit. bei Gerhard Streminger, Adam Smith – Wohlstand und Moral – Eine Biographie, München 2017, 168

verständnis müsste gewaltsam aus den Köpfen, Körpern und Mikrostrukturen der meisten Menschen unter fünfunddreißig gerissen werden."[1]

Die Zivilgesellschaft weiß sich heute auch besser zu wehren als am Ende der Weimarer Zeit: ob durch Lichterketten, Glockenläuten oder Anketten an Bäumen und Gleisen. Nicht zu vergessen, dass sich gebildete Bürgerinnen auch juristisch wehren würden. Und die Justiz ist heute nicht mehr so nazifiziert wie zu Weimarer Zeiten, als Demokratie und Pluralismus im rechten, linken und im konservativ religiösen, speziell katholischen Lager abgelehnt wurden und daher auch von keiner Seite verteidigt wurden. So bemerkt César Rendueles: „Es ist sicher nicht übertrieben zu behaupten, dass Positionen, die bis dahin nur von randständigen sozialen Bewegungen vertreten worden waren, heute in die Mitte der Gesellschaft vorgedrungen sind. Feminismus, solidarische Ökonomie und partizipative Demokratie sind mittlerweile in gesellschaftlichen Debatten sehr viel präsenter als vor der Krise"[2], genauer der Finanzkrise nach 2008.

Von der zur Homogenisierung nötigen Gewalt vermitteln die gegenwärtigen Rechtsterroristen eine Vorahnung. Dann würden zwangsläufig Massenmorde an Teilen der Bevölkerung stattfinden wie im Jugoslawien-Krieg in den neunziger Jahren und in Ruanda. Und die Täter würden sich ihrer Taten brüsten. Aber viele Bürgerinnen würden auch gewaltsam Widerstand leisten. Wenn es eventuell zum ‚Flammeninferno' Latours kommen sollte, dann nicht ob der Klimaveränderungen, sondern wenn solche totalitären Bewegungen an zu viel der politischen Macht gelangen, was es selbstredend zu ver-

---

[1] Paul Mason, Keine Angst vor der Freiheit; in: Heinrich Geiselberger (Hrsg.), Die große Regression, Berlin 2017, 165

[2] César Rendueles, Globale Regression und postkapitalistische Gegenbewegungen; in: ebd., 241

hindern gilt und was wahrscheinlich auch zumeist verhindert werden kann. Hobbes umgedeutet verhindert der Pluralismus Bürgerkriege, gerade nicht der diskriminierende Machtstaat. Und der Pluralismus liegt vor, muss nicht erst wie das ethnisch reine Volk erzeugt, sondern nur bewahrt werden.

Staat, demokratische Politik und Zivilgesellschaft sollten sich daher rechtzeitig dagegen wehren, also die Spielräume der Diskriminierer verengen, sowie ihnen jegliche Anerkennung ihrer diskriminierenden Argumente verweigern. Wenn heute davon geredet wird, dass die Rechtspopulisten in die Mitte der Gesellschaft reichen – ein Gerede, das langsam verblasst –, so darf man eher umgekehrt unterstellen, dass sich gewisse traditionelle Kreise nie mit dem sozialen Pluralismus oder einer aktiven Zivilgesellschaft angefreundet haben. Seltsamerweise verstehen Teile der Medien dergleichen Kritik, die ja auch von einigen ihrer Topmanagern wie Frank Schirrmacher selber vertreten werden. Oder das ist ein gängiger Habitus, mit dem man medial die rot-grüne Klientel aufregen möchte, was nicht nur die Aufmerksamkeit, sondern vor allem die Auflagen steigert, eine Politik der Furcht, wie sie Machiavelli und Hobbes propagierten.

Als der Bundespräsident Richard von Weizsäcker zum 8. Mai 1985 vom *Tag der Befreiung* sprach, löste das den Historikerstreit aus, in dem Ernst Nolte und Michael Stürmer ein neues deutsches Nationalbewusstsein forderten, das sich nicht mehr auf die Aufarbeitung des Holocaust konzentrieren sollte. Just Ähnliches vernimmt man heute aus der populistischen Ecke, die die CSU immer schon eingemeinden möchte, die den Bundesaußenminister Heiko Maas darüber hasst, dass er erklärte, er wäre wegen Auschwitz in die Politik gegangen.

Nun muss man die zivilgesellschaftlichen Aktivitäten nicht schätzen. Natürlich werden dabei Interessen artikuliert, die mit anderen Interessen konfligieren. Trotzdem –

und dabei handelt es sich um den ethischen Grundwert der Zivilgesellschaft, der sich nicht mehr so leicht unterdrücken lässt – darf niemand andere diskriminieren bzw. ihnen vorschreiben, wie sie zu leben haben. Wer das macht, der begibt sich heute selbst an den gesellschaftlichen Rand. Wahrscheinlich schätzen solche Leute die Gesellschaft so wenig wie Margaret Thatcher. Wer vor die Kennedy-Ära zurück will oder das Ende von Rot-Grün erzwingen möchte, der muss die Zivilgesellschaft zerstören und beschreitet damit einen Weg zurück in die Diskriminierung. Oder Rot-Grün transformiert sich in pures Grün, weil sozialdemokratische Politik breiten Kreisen nicht mehr vermittelbar ist. Das müsste der Schrecken der Populisten sein.

Der Populismus beruft sich dabei zumeist auf eine völkische Mehrheit, versteht man unter Demokratie am rechten Rand die Diktatur einer Mehrheit, eine interessante argumentative Figur, um die Demokraten an ihre eigenen Prinzipien zu erinnern, denn dass der rechte Rand eine Demokratie anstrebt, erscheint seltsam. Es ist die Wiederholung des NS-Traums: einmal eine Mehrheit und damit die Macht erringen, dann hat sich der Sinn der Demokratie erfüllt, wird es von da an höchstens noch Akklamationen geben. Erdoğan führt dergleichen mit seiner Präsidialverfassung vor.

Doch so einfach lässt sich dergleichen heute in der westlichen Welt nicht mehr durchsetzen. Keine Partei erreicht dauerhaft Mehrheiten, höchstens punktuell. Bei der US-Präsidentschaftswahl 2016 erhielt Hillary Clinton sogar mehr Wählerstimmen, so dass sich Trump auf keine Mehrheit der Wähler berufen kann, was man allerdings von vielen US-Präsidenten sagen kann, unter anderem Bill Clinton. Nichtsdestotrotz, genauer gemäß dem Wahlrecht hat er die Wahl gewonnen. Da hilft kein Lamento. Vor allem aber und im Gegensatz zu rechten Vorstellungen müssen unter postmodernen demokratischen

Umständen Mehrheiten die Rechte von Minderheiten anerkennen. Populisten möchten dagegen Minderheiten ausschließen und diskriminieren – die einen geben das sogar zu und wollen den Islam verbieten, die anderen würden dergleichen verschleiern bzw. nennen es negative Zuwanderung – eindeutige Fälle von Exklusion und Diskriminierung.

In der von der Zivilgesellschaft geprägten westeuropäischen Demokratie stellt Nichtdiskriminierung indes einen hohen – vielleicht den höchsten – ethischen Wert dar, der von Populisten wie von manchen Neoliberalen just deshalb bestritten wird; nur wollen die einen Ausländer und Frauen diskriminieren, letztere die Armen. So läuft die soziale Konfliktlinie entlang der Frage der Diskriminierung, nicht mehr zwischen Arm und Reich, geht es nicht mehr allein um soziale Gleichheit, die schlicht nicht herzustellen ist. Freilich hat der Populismus dabei eine ethisch extrem schwache Position, bzw. klinkt er sich aus dem abendländischen ethischen Diskurs wie die Nazis aus. Sie hoben das Verbot auf, nicht zu töten. Die Populisten wollen das Diskriminierungsverbot aufheben und Diskriminierung für ethisch gut erklären. Damit gibt es keine Vermittlung zwischen den unterschiedlichen Positionen. Aus der Perspektive der abendländischen Ethik erscheint der Populismus als Verweigerung jeglicher ethischer Argumentation. Carl Schmitt, einer der Vordenker solcher Vorstellungen, trennt daher Ethik und Politik, was für die Anhänger eine unbequeme Angelegenheit bleibt: Wer ist schon gerne banaler Zeitgenosse!

Doch die argumentative Schwäche artet heute wie gestern in Beschimpfungen aus – man denke an den *Stürmer*, das hübsche Wort von der Lügenpresse, die just diesen Populisten zu viel Verständnis entgegenbringt – auch eine Form der Medienkritik.

INVOLUTION ALS POLITISCHE PARTIZIPATION

Wenn große Teile der ehemaligen Linken heute zur Zivilgesellschaft gehören und radikale Linke weniger, so verläuft der Konflikt, der die westliche Welt heute durchzieht, nicht mehr zwischen Rechts und Links, sondern zwischen diskriminierenden Ansprüchen und verbindenden Bestrebungen: Terror oder Verständigung! Gewalt oder Politik! Politik beginnt nämlich erst dort, wo der Krieg aufhört, wenn, statt mit Polizei und Ordnung zu drohen und zu agieren, kommuniziert wird – Populisten und Islamisten sehen das wie radikale Marxisten genau umgekehrt. Das dürfen sie in einer pluralistischen Gesellschaft auch, sollten sich aber nicht wundern, wenn man auf ihr Vokabular nicht eingeht. Es gibt nun mal, darauf weist John Rawls hin, umfassende Lehren die aggressiv und wahnsinnig sind. Und Rorty stellt daraufhin fest: „Wir müssen darauf pochen, dass man nicht auf jedes Argument in der Terminologie eingehen kann, in der es präsentiert wird. Entgegenkommen und Toleranz dürfen nicht so weit gehen, dass man sich bereit erklärt, in jeder Terminologie zu formulieren, die der Gesprächspartner zu verwenden wünscht, und jedes Thema ernst zu nehmen, dessen Diskussion er vorschlägt.“[1] Das „deutsche Volk“ ist kein satisfaktionsfähiges Thema.

---

[1] Richard Rorty, Solidarität oder Objektivität (1987), Stuttgart 1988, 102

Um zu verdeutlichen, dass Gewalt keine Politik ist, greift Hannah Arendt auf die Antike zurück, was ihr während der Kriegergesellschaft und danach noch von deren Verfechtern als Romantik ausgelegt wurde. Aber in der postmodernen Zivilgesellschaft gilt wieder das, was Arendt über die Polis schreibt: „Politisch zu sein, in einer Polis zu leben, das hieß, dass alle Angelegenheiten vermittels der Worte, die überzeugen können, geregelt werden und nicht durch Zwang oder Gewalt. Andere durch Gewalt zu zwingen, zu befehlen statt zu überzeugen, galt den Griechen als eine gleichsam präpolitische Art des Menschenumgangs, wie er üblich war in dem Leben außerhalb der Polis, also im Umgang mit den Angehörigen des Hauses und der Familie, über welche das Familienoberhaupt despotische Macht ausübte, aber auch in den barbarischen Reichen Asiens, deren despotische Regierungsformen häufig mit der Haushalts- und Familienorganisation verglichen wurden.“[1] So versammelt Trump wie viele arabische Herrscher seine Familie im Weißen Haus um sich herum. Die Le Pens waren auch mal ein Familienunternehmen und wahrscheinlich werden die Kinder von Marine Le Pen in die familiären Fußstapfen treten. Margret Thatcher wollte mal nichts mehr mit der Gesellschaft zu tun haben, die ihr als eine Erfindung von Soziologen vorkam, die immer schon linksherum denken würden.

Politik als Kommunikation in der Öffentlichkeit fand in der Antike natürlich nur unter den Athener Bürgern statt. In der Zivilgesellschaft darf sie dagegen niemanden ausschließen oder diskriminieren. Deswegen können sich an der demokratischen Politik auch Identitaristen beteiligen, zu denen ich gleichfalls die Islamisten zähle. Doch Identitäre gehören wie Populisten und radikale Linke nicht zur Zivilgesellschaft, wenn sie andere nicht beteili-

---

[1] Hannah Arendt, Vita activa oder Vom tätigen Leben (1958), 11. Aufl. München, Zürich 1999, 36

gen wollen, wenn sie diskriminieren und ausschließen wollen, wenn sie folglich keine Politik betreiben, sondern einen Krieg führen, Mauern bauen und entrechten, kommandieren, beschimpfen und nicht argumentieren wollen oder können. So lässt sich auf populistischen Demonstrationen die Frage der Gerechtigkeit gar nicht stellen. Es ging den Nazis ja auch nicht um Gerechtigkeit, sondern erklärtermaßen um vermeintliche Vorteile bestimmter sozialer Gruppen, wollten sie die Welt nun mal nicht mit den Juden teilen: ‚America first!' ‚Bayern immer zuerst!' Also evidenter Weise diskriminierende, somit unmoralische Proklamationen, die gerade deshalb bei einem bestimmten Publikum gut ankommen, das mit differenzierten ethischen Argumentationen nicht zurechtkommt, das sich höchstens an einfache Imperative von Priestern oder Anführern zu halten vermag, und zwar just an jene Imperative, die ihnen selbst Vorteile einbringen. „Du sollst nicht töten", gehört nicht dazu. Der IS führt das genauso vor wie Rechtsterroristen oder Demonstranten, die Hetzjagden auf Feinde veranstalten.

Nur wenn Politik als Kommunikation möglich wird, dann kann von allen Betroffenen die Frage der Gerechtigkeit gestellt werden, haben Anteillose die Möglichkeit, ihre Beteiligung zu fordern. Denn Politik findet gerade nicht im Ausnahmezustand statt, wenn der Rechtszustand aufgehoben ist und Staaten in den äußeren oder inneren Krieg ziehen. Politik, die auf Kommunikation beruht, grenzt gerade nicht aus und diskriminiert nicht, zumindest nicht formal: Die Politik der Reichen – und man muss nur an die US-Regierung denken – ist nach Jacques Rancière Antipolitik: „Die Partei der Armen verkörpert nichts anderes als die Politik selbst als Einrichtung eines Anteils der Anteillosen. In symmetrischer Weise verkörpert die Partei der Reichen nichts anderes als die Antipolitik. Vom Athen des 5. Jahrhundert vor Christus bis zu unseren Regierungen hat die Partei der

Reichen nur eine einzige Sache gesagt: *es gibt keinen Anteil der Anteillosen.*"[1] Politik ist nämlich nicht, wenn eine polizeiliche Ordnung die Reichen und politisch Beteiligten vor den Armen und Einflusslosen schützt. Und über Rancière hinaus: Politik ist nicht, wenn diskriminiert und ausgegrenzt wird. Was die Populisten betreiben, ist gerade keine Politik, sondern Antipolitik.

Daher täuscht sich auch Wolfgang Streeck, wenn er schreibt: „Die neuen Protektionisten werden die Krise des Kapitalismus nicht beenden; allerdings holen sie die Politik ins Spiel zurück und bringen ihr die zu Globalisierungsverlierern gewordenen Mittel- und Unterschichten nachhaltig in Erinnerung."[2] Na, den Mittelschichten geht es nicht schlecht und ging es den Unterschichten in der nordatlantischen Welt mal besser? Die populistische Politik will bestimmt nicht den Armen nützen bzw. wird ihnen auch nichts nützen. Es ist schon überraschend, wie man aus radikal linker Sicht annimmt, dass die Armen durch den Populismus ins politische Spiel kämen. Man sollte sich mal die Sozialgeschichte von Nazideutschland anschauen! Und welche Politik kommt dadurch zurück? Der identitäre Populismus will einen Nationalstaat wiederaufbauen, der diskriminierenden Charakter besitzt. Das bringt die Politik gerade nicht zurück, sondern verdrängt sie, beendet sie, transformiert sie in Krieg und Gewalt. Oder Streeck versteht unter Politik Krieg. Das wäre einem Marxisten schon zuzutrauen. Und glatt prophezeit er idiosynkratrisch wie gebetsmühlenartig den Untergang des Kapitalismus. Und für Carl Schmitt gründet Politik auf der Freund-Feind-Unterscheidung und der

---

[1] Jacques Rancère, Das Unvernehmen – Politik und Philosophie (1995), Frankfurt/M. 2002, 26

[2] Wolfgang Streeck, Die Wiederkehr der Verdrängten als Anfang vom Ende des neoliberalen Kapitalismus; in: Heinrich Geiselberger (Hrsg.), Die große Regression, Berlin 2017, 270

Souveränität, die über den Ausnahmezustand entscheidet, die also Gewalt anwenden will. Marxismus und rechter Dezisionismus wollen den Krieg, der die Menschheitsgeschichte seit 10000 Jahren zeichnet, eben seit der Sesshaftwerdung, nicht vermindern, sondern bis in alle Ewigkeit fortschreiben. Immerhin hoffen die Marxisten noch auf den Kommunismus.

Bei beiden herrscht der Primat der Gewalt, somit keine Politik. Wer individuelle Freiheiten einschränkt, betreibt keine Politik, sondern gleichfalls Antipolitik. Denn dabei handelt es sich um Unterdrückung, also um Gewalt, nicht um Kommunikation: man blicke wieder nach Russland, Ungarn oder Polen mit seiner Abtreibungsgesetzgebung. Ist das Politik? ‚Entscheiden' ist nicht Politik, bzw. ist ein Kriegsverständnis von Politik, wie es Carl Schmitt vertritt, ist schlichter Krieg.

Denn Politik verständigt, lässt teilhaben, versucht Ausgeschlossene zu involvieren. Politik findet statt, wenn es um *Involution* geht, also um den Anspruch von Ausgeschlossen bzw. Diskriminierten, Anteil zu erhalten bzw. dieselbe Anerkennung zu erfahren wie etablierte gesellschaftliche Gruppen, und das vor allem wenn sich die Ausgeschlossenen selbst darum bemühen! Das nenne ich *Involution*.

So insistiere ich im Unterschied zu Rancière, aber im Anschluss an Ralf Dahrendorf und Jean-François Lyotard darauf, dass Politik nicht nur in jenem Konflikt stattfindet, wenn die anteillosen Armen den Anspruch auf Teilhabe am Ganzen formulieren: das ist eine zu beschränkte immer noch postmarxistische Sichtweise, bei der die Politik eben nicht wiederkehrt, sondern höchstens die politische Ökonomie. Die Logik von Rancière wie von Streeck bleibt ökonomisch und reicht derart nicht in die Politik, die sich nicht bloß ökonomisch orientieren darf. Denn das fokussiert Politik auf die soziale Frage, die zwar zweifellos eine sehr wichtige ist, aber es gibt auch andere

Probleme, die für jeweils Betroffene wichtiger sein können, betrifft Politik die Vielfalt und weder die monokausale Einfalt noch die Totalität oder Ganzheit, nicht die Identität oder gar das Identitäre, sei dieses religiös oder völkisch propagiert.

Beispielsweise kann man in der Vita von Simone de Beauvoir miterleben, wie sie erst die Emanzipation der Frauen forderte, dann die soziale Revolution für wichtiger hielt, um später zu bemerken, dass Frauen ihr Heil nicht von der Revolution erwarten können, nicht von der zu erkämpfenden Gleichheit und somit auch nicht auf diese warten sollten. Die soziale Frage, die Frage der sozialen Gerechtigkeit trat in den Hintergrund der Frage nach der Gerechtigkeit zwischen den Geschlechtern. Keine Frage nach einer bestimmten Gerechtigkeit kann für sich ein Primat beanspruchen, auch nicht die soziale Gerechtigkeit, wie es aber von verschiedenen Seiten behauptet wird.

Nein, Politik, findet überall dort statt, wo Bürgerinnen sich von politischen und sozialen Prozessen ausgeschlossen fühlen und von sich aus Beteiligung verlangen und nicht etwa weil politische Führungsgestalten sie top-down dazu auffordern oder sie propagandistisch agitieren, für den IS anwerben. Nicht als gelenkte Masse oder als Legionär machen sie Politik, sondern als eigenständige, mündige Individuen, wie sie es seit den siebziger Jahren in vielen Teilen der Welt in unterschiedlichsten Formen von Bürgerinitiativen immer wieder angefangen haben. Das ist Politik, wenn sich gelegentlich die Bürgerin engagiert. Wie bemerkt doch Donatella della Porta: „Diese progressive Seite sozialer Bewegungen mag weniger sichtbar sein, aber sie erfreut sich bester Gesundheit. Vor allem in Südeuropa haben diese Proteste eine Politisierung breiter Gesellschaftsschichten sowie einen tiefgreifenden Wandel der Parteisysteme bewirkt, mit der Folge, dass diese Bewegungen nunmehr in den jeweiligen

Parlamenten vertreten (von Podemos in Spanien über den Bloco de Esquerda in Portugal bis zum MoVimento 5 Stelle in Italien) oder sogar an der Regierung beteiligt sind (wie Syriza in Griechenland).“[1] Leider koaliert Syriza mit einer rechtsradikalen Partei, 5 Stelle auch. Die bessere Figur machen dabei überall die Sozialdemokraten. Die linken Populisten verwechseln naiv ihre Gegner und es droht an vielen Orten ein Bündnis zwischen rechten und linken Populisten.

Aber die Bürgerinnen agieren nur dann im Sinne eines demokratischen Pluralismus, wenn sie bei dieser Bemühung um Beteiligung andere nicht ausschließen – was man von vielen zivilgesellschaftlichen Aktivitäten freilich nicht unbedingt sagen kann. Allerdings haben die meisten einen beschränkten Horizont und stellen vernünftigerweise gar keine Systemfrage, so dass sich Aggressivität nicht so massiv diskriminierend auswirkt. Die Systemfrage zu stellen, den Kapitalismus verabschieden zu wollen, das ist naiv und gerade keine Politik, sondern Ökonomie, genauer eine auf Ökonomie reduzierte und obendrein illusionäre Politik. So widerspricht César Rendueles Paul Masons These, dass sich der Postkapitalismus auf die Ethik des Teilens stützen wird, wie sie sich in der Informationstechnologie andeutet, durch die der Kapitalismus heute nach Mason zusammenbrechen wird. Rendueles schreibt: „Bisweilen stellen wir uns sogar den Postkapitalismus als eine Art Kapitalismus ohne Kapitalisten vor – als wäre unsere Gesellschaft von Solidarität bestimmt und als würden wir nur einige kleinere Korrekturen benötigen, um die (vor allem im IT-Bereich) bestehenden Kooperationspraktiken ausweiten zu können. Das war nie richtig und stimmt heute, da wir vor apokalypti-

---

[1] Donatella della Porta, Progressive und regressive Politik im späten Neoliberalismus; in: Heinrich Geiselberger (Hrsg.), Die große Regression, Berlin 2017, 67

schen ökologischen Herausforderungen stehen, erst recht nicht. Noch viel mehr als die Misserfolge des Kapitalismus sollten wir seine Erfolge fürchten.“[1] Vom apokalyptischen Denken, das einen originär christlichen Ursprung hat und in anderen Zivilisationen gerade keine Heimat, das von Machiavelli und Hobbes ins Aufklärungsdenken übertragen und von Marx bis Hans Jonas reproduziert wird – von zeitgenössischen Apokalyptikern wie Mason, Latour oder Sloterdijk ganz zu schweigen – kann auch Rendueles nicht lassen.

Jedenfalls handelt es sich dann um Politik, wenn es um Involution geht – ein Begriff, den ich im gegenläufigen Sinn als zu dem bisher zumeist üblichen verwende. Beispielsweise möchte ich von Involution als Gegenbegriff zu Revolution sprechen, aber inhaltlich noch mehr als Gegenbegriff zu jeder Form von Diskriminierung. Politik im demokratischen Sinn heißt Beteiligung von möglichst vielen Bürgern und den diversen sozialen Gruppen, heißt in diesem Sinne *Involution* das, was nicht nur in institutionellen demokratischen Prozessen, sondern vor allem in außerinstitutionellen stattfindet und was sich bei der Entstehung der Zivilgesellschaft im letzten Jahrhundert beobachten lässt, was im Frieden geschieht und nicht im Krieg, was auch nicht in den Krieg führen darf, somit auch nicht in die Revolution, die gemeinhin so wenig wie der Krieg Probleme löst, zu Humanität oder besseren Lebensbedingungen führt.

Solche friedlichen Prozesse, die sich auf Kommunikation stützen und andere damit nicht ausgrenzen wollen, nenne ich *Involution*, somit nicht in dem Sinn wie das Wort in verschiedenen Diskursen gebraucht wird, nämlich als Rückbildung. In diesem Sinn kam Involution vor

---

[1] César Rendueles, Globale Regression und postkapitalistische Gegenbewegungen; in: Heinrich Geiselberger (Hrsg.), Die große Regression, 249

längerem auch mal in der Politikwissenschaft vor. Der radikal linke Vertreter einer direkten Demokratie, Johannes Agnoli schreibt: „'Involution' bildet den korrekten Gegenbegriff zu Evolution. Der Terminus hat sich in der politischen Sprache der romanischen Länder eingebürgert und bezeichnet sehr genau den komplexen politischen, gesellschaftlichen und ideologischen Prozess der Rückbildung demokratischer Staaten, Parteien, Theorien in vor- oder antidemokratische Formen."[1] Involutiv löst sich die Demokratie auf bzw. bildet sie sich zurück in die Diktatur, was natürlich voraussetzt, dass Demokratie zuvor denn wirklich existiert hat bzw. dass man die Kerenski-Regierung, das vorfaschistische Italien als Demokratien akzeptiert, was bei der Spanischen wie der Weimarer Republik sicher näher liegt, wiewohl man auch hier fragen darf, wieweit diese Demokratien wirklich so etabliert waren, dass man von Rückbildung reden kann.

In einem ähnlichen Sinn wenn auch erheblich gemäßigter hat denn beinahe ein halbes Jahrhundert später Colin Crouch den Begriff der *Postdemokratie* eingeführt: die Regierungen und Parlamente verlieren zunehmend ihre Handlungsspielräume an Konzerne und Medien, nicht an Populisten, schreibt er bereits 2004: „Der Begriff Postdemokratie kann uns dabei helfen, Situationen zu beschreiben, in denen sich nach einem Augenblick der Demokratie Langeweile, Frustration und Desillusionierung breitgemacht haben; in denen die Repräsentanten mächtiger Interessengruppen, die nur für eine kleine Minderheit sprechen, weit aktiver sind als die Mehrheit der Bürger, wenn es darum geht, das politische System für die eigenen Ziele einzuspannen; in denen politische Eliten gelernt haben, die Forderungen der Menschen zu lenken und zu manipulieren; in denen man die Bürger

[1] Johannes Agnoli, Die Transformation der Demokratie (1967) und andere verwandte Schriften, 2. Aufl. Hamburg 2004, 16 Fußnote 5

durch Werbekampagnen ‚von oben' dazu überreden muss, überhaupt zur Wahl zu gehen."[1] Als wenn das in den vermeintlich goldenen Fünfzigern anders gewesen wäre! Und was sich besonders in der BRD die damaligen Bürger, die zuvor in der Masse bei den Nazis mitliefen, darunter vorgestellt haben.

Jan-Werner Müller fragt denn auch just nach der Demokratie, die zuvor da war und jetzt verloren geht. Während sich überraschenderweise Linke – Crouch, Streeck, Mason – heute gerne auf die fünfziger Jahre berufen, weist Müller dagegen daraufhin, dass diese Demokratien eher patriarchalisch und elitär ausgerichtet waren: „Man sollte gleichwohl in Erinnerung behalten, dass die Vorzeichen, unter denen diese Modernisierung stattfand, alles andere als modern wirkten. Denn sie wurde mittels einer paternalistischen Politik vorangetrieben, (. . .)"[2], die Linke gar nicht ablehnen. Bezeichnenderweise sieht Müller demokratische Tendenzen erst in den sechziger Jahren im Zuge der diversen Protest- und Emanzipationsbewegungen, was meinem Involutionsbegriff nahe kommt oder was indirekt die sich bildende Zivilgesellschaft als eigentliches demokratisches Movens anerkennt.

Trotzdem findet man heute wieder ähnliche Vorstellungen wie diejenige Agnolis, wiewohl nicht mit dem Involutionsbegriff verbunden. Denn Ivan Krastev bemerkt 2017: „Die unbeabsichtigte Folge einer Wirtschaftspolitik, die dem Mantra der angeblichen ‚Alternativlosigkeit' folgt, liegt darin, dass die Identitätspolitik das Zentrum der europäischen Politik übernommen hat."[3] Jedenfalls kann man das 20. Jahrhundert als Jahr-

---

[1] Colin Crouch, Postdemokratie (2004), Bonn 2008, 30

[2] Jan-Werner Müller, Das demokratische Zeitalter – Eine politische Ideengeschichte Europas im 20. Jahrhundert, Berlin 2013, 246

[3] Ivan Krastev, Auf dem Weg in die Mehrheitsdiktatur? in: Heinrich Geiselberger (Hrsg.), Die große Regression, Berlin 2017, 122

hundert des Kampfes um Demokratie verstehen, die immer wieder von Diktaturen bekämpft wurde. Dass dieses heute in der westlichen Welt schwieriger geworden ist, das verdankt man zu einem gewissen Teil den Zivilgesellschaften und besonders der EU.

Jedenfalls wäre just solcherart Rückbildung von Demokratie in weniger demokratische Verhältnisse indes mit dem Wort Revolution viel besser ausgedrückt – *Re-Volution*, Zurückdrehen: So wollten ‚Revolutionäre' vor der Französischen Revolution die gerechten früheren Verhältnisse – die gute alte Zeit – wiederherstellen, die ins Unerträgliche abglitten. Für die Feinde der Demokratie erscheint diese gleichfalls als unerträglich, obgleich es sich dabei um sehr unterschiedliche Einschätzungen handelt: die Kommunisten wollten die Demokratie als Herrschaft der Bourgeoisie und der großen Kapitale abschaffen; die Rechtspopulisten wollen den demokratischen Pluralismus beseitigen; Islamisten wollen die diversen Emanzipationsprozesse beenden, die sich durch die liberalen Demokratien seit dem 20. Jahrhundert entfalten und die traditionelle Lebensformen bedrohen. Neoliberale Libertarians möchten den ganzen Staat, insbesondere den Sozialstaat hinter sich lassen, indem sie auf künstliche Inseln im Pazifik oder in Sonderwirtschaftszonen in Costa Rica umziehen.

Jedenfalls dort, wo bisher nach Agnoli von Involution die Rede ist, sollte man besser von Revolution sprechen. Doch das wird wohl durch deren von Marx implantierte, populäre politische Bedeutung verstellt. Die Revolution hat ihren Sinn verschoben, genauer umgedeutet. Nach allen Erfahrungen mit der Revolution sollte man zu dieser Bedeutung indes zurückkehren, entspräche das dem historischen Geschehen viel besser. Denn die Revolution hat praktisch immer – man lasse Arendts Interpretation der Amerikanischen Revolution mal beiseite – in antidemokratische Strukturen geführt und gibt somit Involution im Sinn von Teilhabe unter demokratischen Umständen regelmäßig auf. Die Revolution bildet die Demokratie zurück – just in dem Sinn, in dem Agnoli von Involution spricht. Involution im Sinn von Teilhabe entfaltet dagegen demokratische Verhältnisse, was letztlich die Revolution im Sinn von Rückbildung der Demokratie verhindern könnte.

Als 1979 der Schah von Persien gestürzt wurde, sprachen die Aufständischen von Iranischer Revolution, die in eine islamische umgedeutet wurde. Schon lange bedienen sich ja selbst Rechtsradikale der Wortbildung ‚nationale Revolution'. Hier will man explizit die politischen Verhältnisse wiederherstellen wie sie im 19. Jahrhundert oder unter den Nazis herrschten, also etwas zurückdrehen. Die Populisten verwenden Revolution damit im richtigen Sinn, der wahrscheinlich trotzdem nicht der ihre ist. Selbst jene, die auf diese Terminologie verzichten, operieren explizit mit Vorstellungen von Ausschlüssen, also mit Diskriminierungen, was dadurch Einschlüsse zu einer Einheit ergibt, die natürlich gar nichts mit Involution zu tun hat. Denn die Eingeschlossenen werden von den Ausgeschlossenen kommunikativ getrennt. Und wenn man nicht ausschließt, dann lässt sich auch keine Einheit herstellen. Das Prinzip des Volks ist die Vernichtung der anderen, um Lebensraum fürs Volk zu schaffen und zwar als künstlicher Top-down-Prozess, der von staatlichen Bürokratien, Politikern und Ideologen betrieben wird. Handelte es sich um Evolution im Sinne von Gobineau, also um Rassenkrieg, dann könnte es nur ein Bottom-up-Prozess sein.

Wenn man stattdessen anschließt, dann entsteht Pluralität, die Populisten wie Islamisten gerade zerstören wollen. Bei Linken bleibt das ambivalent, kann man bei Wolfgang Streeck böse Bemerkungen über die Emanzipation der Frauen lesen, die er ähnlich wie Fraser für ein neoliberal kapitalistisches Produkt hält, da sich mit den zunehmend alleinstehenden, erwerbstätigen Frauen unsichere Lebensverhältnisse für Kinder ausbreiten, hätten sich die Frauen wohl besser als Hausfrauen den Kindern weiterhin opfern sollen. Denn, so Streeck, „Frauen insbesondere gewinnen soziales Prestige, wenn sie ‚Kinder und Karriere' verbinden, auch wenn die ‚Karriere' die einer im Idealfall natürlich vollzeitbeschäftigen Supermarktkassiererin ist."[1] Die Emanzipation der Frau, ob sie nun Linken missfällt oder nicht, ob sie im Interesse des Neoliberalismus ist oder nicht – beides sind Nebenprobleme, muss die Emanzipation Linken nicht unbedingt gefallen wie sie dem Neoliberalismus aber durchaus dienen darf – stellt jedenfalls einen der zentralen Involutionsprozesse im letzten Jahrhundert dar, wenn es nicht sogar der weitreichendste ist, mögen das aus gegensätzlicher Perspektive zu Streeck auch manche radikalen Feministinnen gleichfalls anders sehen. Aber es gibt halt für viele drängendere Probleme als die soziale Gleichheit. Und das 20. Jahrhundert war, nachdem der Faschismus besiegt war, das Jahrhundert der Emanzipation primär der Frauen. Daran zeigt sich auch wie bei ähnlichen Emanzipationsprozessen, dass es sich bei Involution primär um Bottom-up-Prozesse handelt, die von den Bürgerinnen ausgehen, nicht von den Institutionen und Eliten.

So hat denn das Wort Involution seinerseits eine beinahe schon tragische Verschiebung erfahren – wenn man bei der Sprache denn von Tragik sprechen dürfte, ergeben sich daraus eher diverse Ironien. Jedenfalls ist diese politikwissenschaftliche Verwendung von Involution gegenüber meinem Gebrauch gegenteilig: Die Vorsilbe ‚in' bedeutet ja wohl schwerlich ‚zurück' als vielmehr ‚hinein'. Man bleibt in einem Prozess politisch sozialer Auseinandersetzungen, aus denen es kein Entkommen in

[1] Wolfgang Streeck, Gekaufte Zeit – Die vertagte Kriese des demokratischen Kapitalismus, Berlin 2013, 43

eine andere Geschichte via Revolution gibt. Revolution müsste Marx dann eigentlich Transvolution genannt haben. Die Vorsilbe ‚in' impliziert also entweder ein Drinnen oder auch ein Hinein, kein Überschreiten und kein Fortentwickeln. So verwende ich *Involution* im Sinn von Involvierung, wenn jemand involviert, eingewickelt, verwickelt, betroffen sein möchte, sich tiefer verstricken oder hinein will – so, eine metonymische Iteration, die einzelne Schritte der Verschiebung andeutet. Das kann man zwar auch als Evolution lesen. Doch es geht dabei nicht um ein Fortschreiten, sondern um ein Drehen im Kreis, das involviert oder involutiert – bedeutet Integration heute Eingliederung in eine Einheit, also Anpassung, während Involution eine Ankoppelung impliziert, bei der der Ankoppelnde auf das Angekoppelte seinerseits einwirkt. Wenn Integration die Einheit herstellt, betont die Involution die Vielheit, passen sich die Involvierenden nicht an, sondern bleiben, was sie sind, verwickeln sie sich, aber wie sie sind. Sie kommen hinzu: *Und noch etwas* – entspricht das einer pluralistischen Philosophie im Stil von William James: „Die Dinge sind 'mit'einander in vielen Weisen verknüpft, aber es gibt keines, das alles umschlösse oder alle anderen vollkommen beherrschte. Das Wort 'und' schleppt hinter jedem Satz her. (. .) Die pluralistische Welt gleicht so mehr einer föderativen Republik als einem Imperium oder einem Königreich."[1]

Dabei kann sich die Vielheit darauf berufen, dass sie der Einheit historisch vorausgeht, diese ein spezielles Kunstprodukt des 19. Jahrhunderts war. Diese Einheit denkt noch einen beschränkten Fortschritt, aber es bleibt Weiterschreiten. Die Vielheit, die es immer gegeben hat und die insofern permanent wiederkehrt, wiederholt sich, wiewohl sich bei jeder Wiederholung eine neue Vielheit

---

[1] William James, Das pluralistische Universum - Vorlesungen über die gegenwärtige Lage der Philosophie (1909), Darmstadt 1994, 208

herstellt. Das entspricht Nietzsches Gedanken der ewigen Wiederkunft, den er dem Fortschrittsdenken entgegenstellt. Er entwirft hier bereits ein Zusammenspiel von Differenzen und Wiederholungen, das sich in der heutigen Situation wieder andeutet, wenn nicht mehr klar ist, wohin die politische, soziale und technologische Reise geht, außer dass sich mit sehr großer Wahrscheinlichkeit demnächst Zeitgenossen eine Weile auf dem Mond und dem Mars herumtreiben werden: Ob man das als Fortschritt verstehen muss, darüber wird man diskutieren.

Wenn man zuvor ausgeschlossen war, am entsprechenden Diskurs nicht teilnehmen konnte, dann gelangt man höchstens hinein, um drin zu bleiben oder man ist immer schon drin und am Diskurs beteiligt, also immer schon involviert. Man kann sich daraus sicherlich wieder verabschieden und sich auf die einsame Insel begeben. Aber man kann nicht über den Diskurs hinaussteigen. Man kann diesen revolutionär nicht überwinden. Diskurs bleibt Diskurs: Eigentumsverhältnisse oder Völker sind nicht das Problem, gibt es sie nur innerhalb des Diskurses. Man spricht immer schon, wenn man über die Sprache spricht, so dass jeder Versuch, eine Metasprache zu entwickeln, auf derselben Ebene verbleibt wie die Sprache, in der man das versucht. So wiederholt die Metasprache nur die Sprache selbst. Derart bemerkt Wittgenstein: „Die Philosophie darf den tatsächlichen Gebrauch der Sprache in keiner Weise antasten, sie kann ihn am Ende also nur beschreiben. Denn sie kann ihn auch nicht begründen. Sie lässt alles wie es ist.“[1]

Daher avanciert für mich die *Involution* im Sinn von Hineindrehen zum Gegenbegriff der Revolution. Das ist zweifellos ein schwergewichtiger Gegner, der eine ungeheure hermeneutische Macht entfaltet hat, mit der man

---

[1] Ludwig Wittgenstein, Philosophische Untersuchungen (1953), Frankfurt/M. 1971, 69.124

sich wahrscheinlich besser nicht anlegt. Das ist fast schon so, als leugne man in einer religiösen Welt die Existenz Gottes.[1]

Im vorliegenden Text *Verteidigung Europas* grenze ich den Begriff der *Involution* vor allem gegenüber jeder diskriminierenden bzw. ausschließenden Politik ab, avanciert er damit primär zum Gegenbegriff von jeglicher Form von Nationalismus und Populismus, der schon vom Wortsinn eine Art Volk impliziert, das einfach gestrickt, wenig gebildet auf reduktionistische Antworten wartet, die ein bewunderter Führer diesem dann auch liefert. Aber natürlich will kein Populist das sein. Mehr oder weniger philofaschistische Vertreter des Populismus berufen sich daher auf eine theoretisch wenig gehaltvolle Reihe von Einheitsdenkern, die sich auf Gewalt stützen, was zusammen eine Macht konstruiert, die Kommunikation und Gespräch beiseiteschiebt. Wegbereiter dazu finden sich vor allem im reaktionären Lager des 19. Jahrhunderts: de Bonald oder Donoso Cortés. Diese Ansätze stützen sich auf wenige Gedanken und besitzen damit kaum theoretisches Gewicht. Wie ironisiert doch Judith Butler das Volk: „Wer ist ‚das Volk' denn nur wirklich? Und welche Operation der diskursiven Macht definiert ‚das Volk' zu einem bestimmten Zeitpunkt und zu welchem Zweck?"[2]

Mir geht es trotzdem mit dem Involutionsbegriff darum, den diskriminierenden Charakter identitärer Vorstellungen aufzuzeigen, um bei dieser Gelegenheit vor

---

[1] Der Revolutionsbegriff ist daher auch eine Auseinandersetzung wert, die ich in meinen Innsbrucker Vorlesungen intensiv betreibe, die ich unter dem Titel *Involution oder Revolution – Vorlesungen über Medien, „Bildung und Politik" an der Universität Innsbruck* (Norderstedt 2017) publiziert habe. Sie enthalten auch noch weitere Erläuterungen zum Begriff der Involution.

[2] Judith Butler, Anmerkungen zu einer performativen Theorie der Versammlung, Berlin 2016, 10

allem jede Identitätsvorstellung von der Zivilgesellschaft abzugrenzen, zu der jene Gruppen nicht zählen, die mit dem Ruf „wir sind das Volk“ demonstrieren, oder jene Dresdner Montagsmarschierer, die just damit nicht nur andere ausgrenzen, sondern den Anspruch auf Machtübernahme ausdrücken, der sich durch die Berufung auf dieses konstruierte Volk zu legitimieren versucht – aber selbstredend mit der Berechtigung, jeden Widerstand von Andersdenkenden gewaltsam brechen zu dürfen, wenn Populisten die Grünen als Milieupartei diskriminieren.

Wenn man dagegen dazu gezählt werden will, heißt das, andere nicht auszuschließen, diese gerade nicht zu diskriminieren. Wenn man Politik dadurch macht, dass man die Ordnung auf eine bestimmte Weise zwar in Frage stellt, aber nur soweit, wie man selbst nicht dazu gehört, ohne andere aus der Politik vertreiben zu wollen, ohne dass man versucht Einheit herzustellen, dann bemüht man sich um Involution. Jede einzelne dreht sich hinein, sie schließt an, so dass man den Kreis der Beteiligten erweitert. Das Römische Imperium beruhte auf dem Anschluss fremder Völker, wiewohl das natürlich gewaltsam stattfand, im involutiven Sinn keine Politik war. Aber durch den Anschluss konnte es wachsen. Die Nazis setzten statt dessen auf Ausschluss.

So hat Politik im Sinne Arendts, die auf Kommunikation aus ist, zumindest implizit einen involutiven Sinn. Die Vielfalt schreibt sich fort und kehrt wieder, während die Ethnien, gar solche die sich als Rasse verstehen, so identitär wie strohfeuerartig untergehen: kein Wunder, sie bestehen aus Einfalt, nicht aus Vielfalt. Wie bemerkt doch Arjun Appadurai: „Und so bleibt am Ende nur ein einzig möglicher Weg: Liberal eingestellte Bevölkerungsgruppen (Arbeiter, Intellektuelle, Aktivisten, Politiker) müssen sich europaweit zusammenfinden, um gemeinsam für einen ökonomischen und politischen Liberalismus zu streiten. Wir brauchen eine liberale Multitude. Sie ist die einzige Antwort auf die regressive Multitude, die gegenwärtig in und jenseits von Europa auf dem Vormarsch ist."[1]

Diese Vielfalt anstelle von Einheit malen in Carl Zuckmayers *Des Teufels General* die Worte seines Helden General Harras aus, die dieser lange Jahre vor dem Tag der Befreiung, dem 8. Mai 1945, an einen sich über seine mangelnde reinrassische arische Herkunft beklagenden Rheinländer richtet – wiewohl 1946 und in der Terminologie einer anderen Zeit für uns heute befremdlich formuliert: „Schrecklich. Diese alten verpanschten rheinischen Familien! ... (lacht vor sich hin) Stell'n Se sich doch bloß mal ihre womögliche Ahnenreihe vor: da war ein römischer Feldherr, schwarzer Kerl, der hat einem blonden Mädchen Latein beigebracht. Dann kam 'n jüdischer Gewürzhändler in die Familie. Das war 'n ernster Mensch. Der 's schon vor der Heirat Christ geworden und hat die katholische Haustradition begründet. Dann kam 'n griechischer Arzt dazu, 'n keltischer Legionär, 'n Graubündner Landskecht, ein schwedischer Reiter...und ein französischer Schauspieler. Ein...böhmischer Musikant. Und das alles hat am Rhein gelebt, gerauft, gesoffen, gesungen und...Kinder jezeugt. Hm? Und der Goethe, der kam aus demselben Topf, und der Beethoven, und der Gutenberg, und der ... Matthias Grünewald. Und so weiter, und so weiter. ... Das war'n die besten, mein Lieber. Vom Rhein sein, das heißt: vom Abendland. Das ist natürlicher Adel. Das is Rasse. Sei'n Sie stolz drauf, Leutnant Hartmann (. . .)"

---

[1] Arjun Appadurai, Demokratiemüdigkeit; in: Heinrich Geiselberger (Hrsg.), Die große Regression, Berlin 2017, 35

INVOLUTION ALS EROS DER ZIVILGESELLSCHAFT

Involutive Prozesse intensivieren sich im Zeitalter der Individualisierung, wenn sich eine lebendige Zivilgesellschaft in viele politische Ereignisse einmischt und Teilhabe beansprucht, aber ohne dabei konkurrierende Gruppen zu verdrängen bzw. zu diskriminieren. Wenn jemand von einem Diskurs ausgeschlossen ist, an dem sie beteiligt werden will und natürlich auch einen guten Grund hat, daran beteiligt zu werden – hier entstehen gerade durch die zeitgenössische Expertokratie vielfältige Probleme bzw. Involutionsansprüche – dann diskriminiert das nicht die bisher am Diskurs Beteiligten, obgleich diese es meist nicht gerne sehen, wenn sie ihren Einfluss teilen müssen – wenn es beispielsweise einer Umweltbewegung gelingt, den Braukohletagebau erfolgreich zu behindern und RWE das Nachsehen hat.

Dass dabei Bürgerinnen von sich aus aktiv werden, ohne sich auf Parteien, Standesorganisationen oder staatliche Institutionen zu verlassen, unterscheidet die letzten Jahrzehnte von früheren Zeiten sicherlich nicht qualitativ, aber quantitativ. In der Weimarer Zeit marschierten die diversen Straßenorganisationen der Parteien auf, wenn demonstriert werden sollte. Man wurde Mitglied von Parteien, Standesorganisationen und Kirchen, denen man sich zugehörig fühlte und von denen man annahm, dass sie die eigenen Interessen vertreten würden. Dann musste man sich auch mit deren Aktivitäten zufrieden geben – typische Top-down-Prozesse. Heute gehen Bürgerinnen auf die Straße, wenn sie es persönlich für geboten halten, und demonstrieren. Sie gehorchen keiner Organisation und folgen keinem Ruf von Führern, auch wenn sich außerinstitutionelle Gruppen bilden. Daher umschreibt Involution primär Bottom-up-Entwicklungen.

Natürlich gab es solche Tendenzen schon im 19. Jahrhundert, kann man involutive Bemühungen sogar seit dem Bürgertum des 18. Jahrhunderts diagnostizieren, vielleicht schon bei den Bettelorden im Hochmittelalter. So können derartige Prozesse die ganze Gesellschaft oder das politische System insgesamt betreffen, breite Bewegungen wie die der Arbeiter im 19. oder die der Frauen im 20. Jahrhundert. Sie können sich aber auch auf kleinere oder größere Bereiche beschränken, wenn sich Bürgerinnen in bestimmte öffentliche Angelegenheiten einmischen, an denen sie Anteilnahme beanspruchen, in die sie sich verwickeln und in die sie involviert werden wollen: beispielsweise bei den Protesten gegen die Kernenergie und wenn Bürgerinnen daraufhin auf die Dächer ihrer Häuser Sonnenkollektoren bauen – auch unabhängig von ihrer Einstellung gegenüber der Atomenergie.

Spätestens seit dem Widerstand gegen den Faschismus, der im Sinn des Existentialismus vom Einzelnen ausging; haben sich sehr viele Bürgerinnen von untertäniger Bevormundung befreit, beanspruchen sie Mündigkeit und bemühen sich darum, selber zu denken und zu urteilen, ohne dass sie sich dazu wie noch im 19.Jahrhundert oder der Weimarer Republik unbedingt sogenannten Massenbewegungen anschließen, denen sie sich letztlich unterwerfen müssen. Mit der US-amerikanischen Bürgerrechtsbewegung, wenn sich Menschen ob ihrer Hautfarbe nicht ausschließen lassen wollten, und der Aufbruchsstimmung der Jugend in den sechziger Jahren, die an der Sexualmoral und der Familienordnung rüttelte, die an der Sexualität auf ihre Weise teilhaben und damit nicht Familie und Staat dienen wollten, verliert die autoritäre Kriegergesellschaft an Boden. Wie schreibt doch Herbert Marcuse 1969: „Eine Alternative bricht jetzt in das repressive Kontinuum ein. Die Alternative ist weniger ein anderer Weg zum Sozialismus als eine andere Zielvorstellung, eine andere Hoffnung bei jenen Männern und Frauen, die der massiven ausbeuterischen Gewalt des korporativen Kapitalismus selbst in seinen komfortabelsten und liberalsten Verwirklichungen trotzen und widerstehen. Die Große Weigerung nimmt verschiedene Formen an.“[1]

Vor allem seit der Frauenbewegung in den Siebzigern, die die traditionelle Familienordnung erfolgreicher als die Hippies zum Einsturz brachte; seit den Umweltbewegungen aus derselben Zeit, die die Welt erheblich umweltfreundlicher gestalteten; seit der Friedensbewegung und der Bürgerrechtsbewegung in Osteuropa, die am Zusammenbruch der sowjetischen Diktatur beteiligt waren; also seit der zweiten Hälfte des 20. Jahrhunderts ist eine aktive Zivilgesellschaft entstanden. Jan-Werner Müller fasst die Entwicklungen im Anschluss an 1968 mit folgenden Worten zusammen: „Gleichzeitig glaubten immer weniger Menschen daran, dass sich Gesellschaften durch kollektives politisches Handeln nach Belieben selbst verändern könnten, sei es innerhalb oder außerhalb politischer Institutionen wie Parlamenten. Nicht mehr die kollektiven sondern die individuellen Veränderungsprozesse waren es, die jetzt zählten. Die Ereignisse wie auch das Denken von 68 und danach stellten traditionelle Begriffe des Politischen in Frage, rissen ideologische Trennwände zwischen dem Öffentlichen und dem Privaten ein und machten die alltägliche Erfahrung zu

[1] Herbert Marcuse, Versuch über die Befreiung, Frankfurt/M. 1969, 9

etwas explizit Politischem (. . .).“[1] Man erwartet weniger von Top-down-Prozessen, denkt wahrscheinlich kaum an die Bottom-up-Wirkungen, die sich hinter dem Rücken der agierenden Individuen einstellten. Zu Bottom-up-Prozessen kann man eventuell indirekt beitragen, steuern lassen sie sich nicht.

So gibt es Prozesse, bei denen diskriminierte Anteillose Ansprüche auf Anteile erheben, ohne dass politische oder bürokratische Eliten, geschweige denn ganze Bevölkerungsgruppen verdrängt und diskriminiert werden müssen. Solche Prozesse können auch von Gewalt begleitet werden – häufig bei Demonstrationen oder ähnlichen Protestaktionen, gleichgültig ob die Gewalt von der Polizei oder den Diskriminierten ausgeht. Diese Gewalt zielt indes nicht notwendig auf die Diskriminierung von Anteilhabenden, also von Eliten – selbst wenn viele der Protestierenden diese gerne verdrängen wollen. Doch sie wissen, dass das nicht möglich ist. Wenn die Gewalt darauf abzielt, zu töten, dann allerdings überschreitet sie die Grenze von der Protestgewalt hin zum Krieg, wirkt diskriminierend und kann nicht mehr als Teil der Politik verstanden werden. Insofern formuliert der berühmte Satz von Marx auch keine Politik: „Die Waffe der Kritik kann allerdings die Kritik der Waffen nicht ersetzen, die materielle Gewalt muss gestürzt werden durch materielle Gewalt, allein auch die Theorie wird zur materiellen Gewalt, sobald sie die Massen ergreift.“[2] Den bundesrepublikanischen Linksterroristen, die den Bürgerkrieg wollten, obwohl sie diesen gegenüber einem starken Staat verlieren würden, mangelte es an Einblick in die Realität, was man Marx nicht vorhalten kann.

---

[1] Jan-Werner Müller, Das demokratische Zeitalter – Eine politische Ideengeschichte Europas im 20. Jahrhundert, Berlin 2013, 334

[2] Karl Marx, Zur Kritik der Hegelschen Rechtsphilosophie – Einleitung (1844), Marx Engels Werke (MEW) Bd. 1, Berlin 1972, 385

Außerdem kann eine aufgeklärte Gesellschaft ja nicht auf Parlamente, Verwaltungen, Schulen und Gesundheitssysteme verzichten, obgleich sich Graswurzelrevolutionäre dergleichen wünschen. Aber man will sich von solchen Institutionen nicht mehr kommandieren lassen, nicht mehr seine Menschenwürde an der Garderobe der Arztpraxis abgeben. Häufig geht es den Anteillosen darum, Anteil an gewissen Privilegien zu gewinnen, von denen sie bisher ausgeschlossen sind – was ihnen die Egalitaristen und Revolutionäre gerne vorhalten – man denke an Rosa Luxemburgs Kritik am Reformismus oder heute an die Ökologisierung, der Kritiker vorwerfen, dass sich Arme diese nicht leisten können. Aber man darf auch an mehr Anteil haben wollen, als nur an dem, an dem die Ärmsten der Armen Anteil haben. Es gibt keine Verpflichtung, so fromm zu sein und der Armutsregel der Franziskaner zu folgen. Die Arbeiter im 19. Jahrhundert wollten sich nicht für die Revolution opfern, sondern besser leben, also einen größeren Anteil am gesellschaftlichen Reichtum erhalten, wie auch manche sicher größeren politischen Einfluss anstrebten. Beides ist legitim. Niemand kann man zur Revolution wie zum Kriegsdienst verpflichten – Pflicht im Sinne Kants, die auf Freiwilligkeit beruht. Zudem gibt es keine Welt, in der sich eine distributive Gerechtigkeit gemäß dem Prinzip arithmetischer Gleichheit durchsetzen ließe.

So geht es bei diesen zivilgesellschaftlichen Bestrebungen fast nie um das Ganze – auch wenn das viele häufig immer noch behaupten, indem sie die Sache, für die sie eintreten, gerne zur wichtigsten der Welt erklären – man denke an die Klimadiskussion mit ihren apokalyptischen Visionen. Vielmehr wollen diese selbstbewegten Bürgerinnen konkrete Teilhabe an bestimmten Bereichen, in denen die jeweils Betroffenen bisher ausgeschlossen sind. Menschen engagieren sich als mündige Bürgerinnen für Flüchtlinge aus Syrien, für diverse ökologische Projekte, für soziale Probleme, ohne wie viele Marxisten die soziale Frage zu fundamentalisieren. Bezeichnenderweise spielte diese in den gerade angeführten Bewegungen kaum eine Rolle, kehrte sie erst seit *Attac* und *Occupy* auf die Bühne außerinstitutioneller Aktivitäten zurück, hat dort aber ihre revolutionäre Perspektive längst aufgelassen. Daraus ergeben sich jedenfalls involutive Prozesse, bei denen in der Regel andere nicht ausgeschlossen oder diszipliniert und unterworfen werden sollen, wollten manche *Occupisten* die Banker einfach zum Denken anregen.

Dergleichen kritisiert Nancy Fraser scharf: „In diesem Kontext entstand eine Gegnerschaft zwischen Neuen Sozialen Bewegungen, die auf den Umsturz der alten Hierarchien in den Bereichen Gender, ‚Rasse'/Ethnie und Geschlecht abzielten, und jenen Bevölkerungsgruppen, die ihre vom Kosmopolitismus der neuen Finanzmarktökonomie bedrohten überkommenen Lebensverhältnisse und Vorrechte verteidigen wollten. Der Zusammenprall beider Fronten brachte eine neue Konstellation hervor: Die Vertreter der Emanzipationsbewegungen verbündeten sich mit den Partisanen des Finanzkapitalismus zum Angriff auf die sozialen Sicherungssysteme. Das Ergebnis ihres Team-ups war: der progressive Neoliberalismus."[1] Doch darf man fragen, wo es jenen Zusammenstoß denn je gegeben hat. Man kann den Emanzipationsbewegungen vorwerfen, sich vom Projekt der sozialen Gerechtigkeit abgekoppelt zu haben. Aber dass dergleichen so weit gegangen wäre, dass just Emanzipationsbewegungen soziale Sicherungssysteme bekämpft hätten, ist erklärungsbedürftig: Wer, was, wann, wo? In Europa standen sich Emanzipationsbewegungen Gewerkschaften und

---

[1] Nancy Fraser, Vom Regen des progressiven Neoliberalismus in die Traufe des reaktionären Populismus; in: Heinrich Geiselberger (Hrsg.), Die große Regression, Berlin 2017, 82

Kirchen eher nahe als fern. Bei Fraser klingt irgendwie die Enttäuschung darüber durch, dass die Emanzipationsbewegungen sich gegenüber dem Sozialismus für mündig und autonom erklärten und dessen Primat nicht mehr anerkannten. Das mag einer Gotteslästerung nahe kommen. Aber nach der Götter-Dämmerung es ist nicht mal mehr eine Gotteslästerung. Und wo sind denn jene sozialistischen Gruppen, die sich irgendwie bemerkbar gegen die Globalisierung aufgelehnt hätten? Die Arbeiterklasse löste sich in der zweiten Hälfte des 20. Jahrhunderts zunehmend auf, so dass André Gorz bereits 1980 vom *Abschied vom Proletariat* sprechen konnte. Allemal zerfiel jegliche Einheit der Arbeiter, was bis heute jede Sozialpolitik erschwert und wesentlich zum Niedergang sozialdemokratischer Parteien in Europa geführt hat. Andererseits bleiben Emanzipations- und Teilhabebestrebungen immer partiell. Ihre Protagonisten müssen dadurch auch nicht bessere Menschen werden. Als wenn das die Linken oder Marxisten geschafft hätten!

Bei Involutionsbemühungen handelt es sich um Angelegenheiten, für die sich bestimmte Bevölkerungsgruppen interessieren und an denen nie alle immer beteiligt sein müssen oder können. Diese Anteilnahme kann auch nicht top-down staatlich verordnet und organisiert werden, sondern muss von den Bürgerinnen selber ausgehen. Dazu ist längst nicht nur politische Bildung, sondern Bildung im Allgemeinen unabdingbar, Bildung, die einen schlechten Ruf hat bei den Rechtspopulisten, den Salafisten wie den Pius-Brüdern, von den Taliban sowie dem IS ganz zu schweigen, und an deren Stelle solche Organisationen einen Propagandaapparat im WWW aufbauen. Ungebildete können sich politisch nicht einmischen und müssen häufig glauben, was man ihnen sagt. Gebildeten kann man manchmal nicht so leicht etwas vormachen. Der mittelalterliche Katholizismus versuchte die Bildung im wesentlichen auf den Klerus zu beschränken. Der Protestantismus beförderte die Volksbildung, aus der heraus sich dann die Aufklärung entwickelte insbesondere in den Niederlanden und in Schottland im 17. und 18. Jahrhundert.

Angesichts der neuen Medien und der mit ihnen verbundenen antidemokratischen Gefahren brauchen diejenigen, die sich in Involutionsprozessen engagieren, nicht nur diverse traditionelle Formen der Bildung, sondern letztlich vielfältige Kenntnisse aus der Medienbildung, von sprachlichen Fertigkeiten bis hin zu informationellen. Dazu gehören insbesondere Techniken zur Analyse medialer Effekte, Wissen um soziale und politische Zusammenhänge sowie Praktiken der Selbstkonstitution. Gerade letztere ermöglichen, sich als ethisches Subjekt selber zu entwickeln, ohne sich vorgegebenen moralischen Codes anzupassen, also eine religiöse oder eine universalistische Ethik bloß zu übernehmen, oder sich gar kommunistischen, nationalistischen bzw. fundamentalistischen Metaphysiken hinzugeben, sich sein Selbst von anderen bilden zu lassen.

Letzteres fordern die Verfechter von Einheit, Totalität, Ordnung und Identität gleichermaßen, eben dass ihre jeweiligen Anhänger eine entsprechende Gesinnung übernehmen, dass sie beispielsweise die Existenz eines ethnisch begründeten Volkes oder eines monotheistischen Gottes anerkennen, denen sie zu dienen haben. Den metaphysischen Charakter eines solchen Volks- bzw. Gotteskonstrukts dürfen sie so wenig erkennen, wie die faktische pluralistische Zusammensetzung der Bevölkerung nicht nur in den USA, sondern genauso in Europa – ein Pluralismus, der mit brutaler Gewalt zerstört werden soll: Diskriminierung anstatt Involution!

Dem entgegenzuwirken bzw. um Involutionsprozesse zu befördern, dazu wird staatlich angebotene Bildung häufig nicht ausreichen, müssen vielmehr die Individuen sich darum aus eigner Kraft bemühen, wird ihnen der

Staat immer nur anbieten, was er nicht zu verweigern vermag. Daher lässt sich eine dazu nötige individuelle, in gewisser Weise autodidaktische Bildung von staatlichen Bildungsinstitutionen nicht oder nur ansatzweise erwarten und neigen diese gemeinhin dazu, das Individuum in seiner vorgegebenen Rolle festzuhalten, entweder als Anteilhabender oder als nicht Involvierter. Wie bemerkt doch Donatella della Porta: „Zur Bewältigung dieser Herausforderungen bedarf es zweifellos einiger Geduld, aber auch der Schaffung eines Raums für Begegnungen und für Learning by Doing. Schließlich haben progressive Bewegungen auch in der Vergangenheit hauptsächlich aus Erfahrungen in der Praxis gelernt.“[1]

Maximal verlangt man vom Individuum eine kritische Allgemeinbildung, die es wiederum auf solidarische Weise in die Gesellschaft integriert, ihm also die Rollen vorgibt bzw. abverlangt, die der herrschenden staatlichen Ordnung nützen. Wenn es sich einer universalistischen Gattungsethik entzieht, dann verhält es sich im rationalistischen Konzept unsolidarisch, mangelt es ihm angeblich an Subjektivität, was aber nur eine bestimmte bzw. beschränkte Form der Involution anerkennt. Dass diese Variante nachhaltig involutiven Charakter entfaltet, darf man nämlich bezweifeln.

Trotzdem trennen universalistische und vernünftige religiöse Ethiken Welten von totalitätsorientierten, bergen die ökumenischen und sozialen Bemühungen nicht zuletzt von Papst Franziskus starke involutive Tendenzen. Man denke nur an seine Aufrufe zum Dialog. Zur *Involution* tragen in Deutschland denn auch die großen Kirchen in den letzten Jahrzehnten intensiv bei – nicht zuletzt durch ihre Bildungsarbeit. In ähnlicher Weise betätigen

---

[1] Donatella della Porta, Progressive und regressive Politik im späten Neoliberalismus; in: Heinrich Geiselberger (Hrsg.), Die große Regression, Berlin 2017, 75

sich auch die universalistischen Ethiken. Allerdings muss man die Frage aufwerfen, inwieweit der Universalismus der sozialen Vielfalt gerecht zu werden vermag, inwieweit dessen involutiven Bemühungen doch eher zu Angleichungen führen, anstatt dass sie die Vielfalt fördern. Hans Küngs *Projekt Weltethos* entfaltet dabei sicher eine stärkere involutive Tendenz, setzt es doch die Vielfalt der Weltreligionen voraus, zwischen denen es ökumenisch vermitteln will.

John Rawls unterscheidet die vernünftigen von den unvernünftigen umfassenden Lehren, inwieweit sie zu einem *übergreifenden Konsens* bereit sind oder nicht, der sich nicht auf eine Weltanschauung stützt, sondern allein als Kooperationsebene zwischen verschiedenen Weltanschauungen dient. Vernünftig sind diese, wenn sie sich bereitwillig auf diesen Konsens mit anderen Weltanschauungen einlassen, weil sie einsehen, dass ein innerer Frieden anders nicht möglich ist, so dass sie in der Ausübung ihres Kultes oder der Freiheit ihres Denkens nicht beeinträchtigt werden. Für Rawls „akzeptiert in einem solchen Konsens jede der umfassenden philosophischen, religiösen und moralischen Lehren Gerechtigkeit als Fairness auf ihre eigene Art, das heißt jede umfassende Lehre wird von ihrem eigenen Standpunkt aus dahin geführt, die in *Gerechtigkeit als Fairness* angegebenen öffentlichen Gründe der Gerechtigkeit zu akzeptieren.“[1] Also sie lassen sich darauf ein, weil sie den übergreifenden Konsens für gerecht halten und weil sie selbst in diesem Sinne moralisch sein wollen, aber auch weil sie selbst daran einen Vorteil haben, jedenfalls unter der Voraussetzung, dass sie anderen ihre eigenen Vorstellungen nicht oktroyieren können oder wollen.

---

[1] John Rawls, „Gerechtigkeit als Fairness: politisch und nicht metaphysisch (1985); in ders., Die Idee des politischen Liberalismus, Frankfurt/M. 1994, 287

Unvernünftige Lehren lassen sich auf einen solchen umgreifenden Konsens nicht ein, oder höchstens vordergründig, bis sie so stark geworden sind, um sich gegenüber der Konkurrenz durchzusetzen – ein gängiges revolutionäres Prinzip. Der übergreifende Konsens ist also kein kleinstes Übel und auch kein Kompromiss, sondern eigentlich eine vernünftige und gerechte Grundlage der Kooperation zwischen vernünftigen umfassenden Lehren, was dagegen identitär orientierte Parteien in der Regel nicht sind, schließt das schon das Wort identitär aus.

Die eigentliche involutive Aufgabe müsste sich dabei derart stellen, ob es gelingt, gerade unvernünftige umfassende Lehren zur Kooperation zu bewegen bzw. ihre Vertreter dazu zu bringen, ihre umfassenden Lehren so zu rationalisieren, bzw. so zu schwächen d.h. zu dekonstruieren, dass sie sich auf den übergreifenden Konsens einlassen, bzw. Kooperationsbereitschaft entwickeln. Dementsprechend wäre eine politische und mediale Bildung auszurichten, soweit sie von politischen und sozialen Institutionen angeboten wird. Umgekehrt müssen sich die Bürgerinnen selbst um eine solche Bildung bemühen, wollen sie sich aktiv an der Zivilgesellschaft beteiligen und diese auch dadurch verteidigen, dass sie das Gespräch mit Vertretern antiinvolutionärer Bestrebungen suchen. Dabei kann es indes nicht um Mission gehen, sondern einzig und allein darum aggressive Weltvorstellungen zu mäßigen.

BILDUNG ‚NACH AUSCHWITZ'

Auf gängige Konzeptionen von Politik und Bildung kann man sich dabei nicht berufen. Das Modell des Aristoteles, nach dem der Mensch ein politisches Wesen ist, scheitert spätestens im 19. Jahrhundert und zwar aus diversen Gründen. Der Mensch, der von Natur aus Rechte hat, unter anderem an der Politik teilzunehmen, wird in den familiär disziplinierten Untertan transformiert, der der Politik auf Anweisung anderer nur noch zu dienen hat. Dazu wird er dann nicht mehr entsprechend gebildet, sondern nur noch ausgebildet, genauer gedrillt – die Armee als Schule der Nation. Der Proletarier, der Brot und Teilhabe fordert, wird in die Armee eingezogen und muss auf demonstrierende Proletarier schießen. Und nach der Revolution geht es ihm nicht besser. Wie bemerkt doch Camus: „Die Proletarier haben gekämpft und sind gestorben, um die Macht Militärs oder Intellektuellen, zukünftigen Militärs, zu geben, die sie ihrerseits knechteten."[1]

Oder aber dieses politische Wesen des Menschen ist gut 2000 Jahre – wahrscheinlich immer schon, außer eine kurze Zeit unter Athener Bürgern – unterdrückt worden. Mag mit Hegel in Athen ein Bewusstsein der Freiheit aufgegangen sein – dergleichen bleibt auf der Ebene der Philosophen, während dieses Wesen den Bür-

---

[1] Albert Camus, Der Mensch in der Revolte (1951), Reinbek 1969, 177

gerinnen absozialisiert wurde, besonders intensiv im 19. Jahrhundert, just in Hegels bürgerlichen, also rechtlich ausdifferenzierten Verhältnissen.

Ein Wesen des Menschen überhaupt bleibt von den äußeren Umständen nicht unbeeinflusst – das darf man annehmen. Sollte ein Wesen des Menschen nicht eher ein historisches, denn ein überhistorisches Apriori sein? Spätestens seit Darwin, seit man weiß, dass die Menschen nicht immer dieselben waren, erscheint eine Unwandelbarkeit des Menschen, wie sie Eric Voegelin und Leo Strauss unterstellen, ziemlich unwahrscheinlich. Welches Wesen auch immer, ob ein politisches oder nur ein freundliches, es hat sich verschoben, erscheint es äußerst fraglich, dass man es irgendwie zum Leben wiedererwecken könnte. So insistiert Richard Rorty ähnlich wie Foucault darauf, dass um 1800 herum sich ein neues Verständnis vom Menschen entwickelte, der jedenfalls nicht mehr höheren Zwecken zu dienen habe. Rorty schreibt: „Den deutsche Idealisten, französischen Revolutionären und romantischen Dichtern war eines gemeinsam: die schattenhafte Ahnung, dass Menschen, deren Sprache sich so änderte, dass sie nicht mehr von sic h als Wesen sprachen, die außermenschlichen Kräften verantwortlich sind, damit eine neue Art menschlicher Wesen erfunden haben.“[1]

Nicht dass daraus folgte, dass Bildung im Nichts stände. Aber sie reagiert immer auf eine konkrete Situation und diese hat Adorno 1966 mit dem Satz klar umschrieben, an dem man in der Bundesrepublik nicht mehr vorbeikommen wird und der den Weg nach Europa weist, jedenfalls als stärkste Auschwitz widerstrebende Struktur: „Die Forderung, dass Auschwitz nicht noch einmal sei, ist die allererste an Erziehung. Sie geht so sehr jegli-

[1] Richard Rorty, Kontingenz, Ironie und Solidarität (1989), Frankfurt/M. 1992, 28

cher anderen voran, dass ich weder glaube, sie begründen zu müssen, noch zu sollen. Ich kann nicht verstehen, dass man mit ihr bis heute so wenig sich abgegeben hat. Sie zu begründen hätte etwas Ungeheuerliches angesichts des Ungeheuerlichen, das sich zutrug."[1]

Wie erzieht man die Menschen zur Humanität? Es geht ja nicht nur darum, dass die Zeitgenossen selber nicht grausam sind, sondern dass sie sich auch jenen durchaus in den Weg stellen, die grausam sind. Doch die Grausamkeit ist auch gut 70 Jahre nach der Befreiung von Auschwitz durch die Rote Armee keineswegs aus der Welt verschwunden. Grausamkeiten sind zwischenzeitlich zuhauf passiert und ereignen sich heute an vielen Stellen der Welt. Dafür stehen zuletzt die Namen IS, Boko Haram oder Taliban Pate, die explizit Bildung und Schulen bekämpfen; oder NSU, der rechte Terror gegen Fremde, Flüchtlingsherbergen, Andersdenkende oder die Bevölkerung, man denke an den rechtsradikalen Attentäter im Münchner Olympiaeinkaufszentrum im Sommer 2016, die rechtsterroristischen Attentate in Oslo und Utøya 2011, oder 1980 auf das Oktoberfest und den Bahnhof von Bologna – mit hunderten von Ermordeten.

Aber Schulen alleine helfen noch nicht. Sie müssen auch eine entsprechende Erziehung vermitteln, die der Grausamkeit widerstreitet. So werden Adornos Worte ständig bestätigt: „Es war die Barbarei, gegen die alle Erziehung geht. Man spricht vom drohenden Rückfall in die Barbarei. Aber er droht nicht, sondern Auschwitz war er; Barbarei besteht fort, solange die Bedingungen, die jenen Rückfall zeitigten, wesentlich fortdauern. Das ist das ganze Grauen. Der gesellschaftliche Druck lastet weiter, trotz aller Unsichtbarkeit der Not heute. Er treibt die

[1] Theodor W. Adorno, Erziehung nach Auschwitz (1966), Stichworte – Kritische Modelle 2, Frankfurt/M. 1969, 85

Menschen zu dem Unsäglichen, das in Auschwitz nach weltgeschichtlichem Maß kulminierte."[1]

Offensichtlich ist das politische Wesen des Menschen nicht mehr virulent. Denn die Grausamkeit ist bestenfalls ein Symbol dafür, dass der Mensch ein unpolitisches Wesen ist, der sich in der Auseinandersetzung mit anderen nicht politisch kommunikativ, sondern unpolitisch unkommunikativ bzw. gewalttätig verhält. Just daher ist Bildung und Erziehung umso nötiger, entweder um die verdrängte Politizität des Menschen zu entbergen, oder um aus ihm überhaupt einen politischen Menschen zu machen. Dass das schwierig ist, dessen war sich Adorno auch im Rückgriff auf Sigmund Freud bewusst. Selbst wenn Freuds Diagnose der Kultur diesen Prozessen durchaus entspricht, so sieht Adorno ein, dass man sich dem nicht fatalerweise einfach hingeben darf. Vielmehr fordert Freud indirekt zu verstärkten Anstrengungen bei der Bildung und der Erziehung auf. So schreibt Adorno weiter: „Unter den Einsichten von Freud, die wahrhaft auch in Kultur und Soziologie hineinreichen, scheint mir eine der tiefsten die, dass die Zivilisation ihrerseits das Antizivilisatorische hervorbringt und es zunehmend verstärkt. Seine Schriften *Das Unbehagen in der Kultur* und *Massenpsychologie und Ich-Analyse* verdienten die allerweiteste Verbreitung gerade im Zusammenhang mit Auschwitz. Wenn im Zivilisationsprinzip selbst die Barbarei angelegt ist, dann hat es etwas Desperates, dagegen aufzubegehren."[2] Dessen wird man sich aber schwerlich enthalten können, gerade weil die Nazis Freuds Schriften verbrannten. Sie wussten warum. Wenn sich die Populisten nachhaltig, d.h. im Sinn von George Orwells *1984* durchsetzen wollten, dann müssten sie 95% der abend-

---

[1] Theodor W. Adorno, Erziehung nach Auschwitz (1966), Stichworte, Frankfurt/M. 1969, 85

[2] Ebd.

ländischen Kultur vernichten, noch viel mehr als die Nazis, ähnlich wie Taliban und IS, wird diese Kultur ihre Vorstellungen von Einheit, Homogenität und Unterwürfigkeit immer wieder untergraben. Insofern ist Bildung, besonders Selbstbildung eine Weise, totalitären Anwandlungen zu widerstreiten.

Wiewohl Adorno die existentialistische Auflehnung, sei es bei Camus oder bei Sartre ablehnt – Camus' Begriff des Absurden antizipiert indes Adornos Desparates –, etwas davon bleibt gar nicht aus, will man sich nicht in die Grausamkeit schicken, will man nicht einfach aufgeben, sich den grausamen Anteilen der Kultur zu widersetzen, die Nationalisten jedweder Couleur pflegen. Wenn Praxis völlig aussichtslos wäre, wenn Leiden überhaupt nicht zu mindern wäre, wenn jede individuelle wie institutionelle Leidensminderung das Leiden nur vergrößerte, dann wäre nämlich auch Adornos erster Satz sinnlos: „Die Forderung, dass Auschwitz nicht noch einmal sei, ist die allererste an Erziehung." Top-down – das ist die Einsicht Adornos – lässt sich nicht viel bewegen, durchaus aber Bottom-up bewegt sich etwas, auch wenn sich das nicht kontrollieren lässt und er dem mit Skepsis begegnet.

Wenn man sich nicht in ein angeblich übermächtiges kulturelles Geschick fügen will, dann muss man die Verzweiflung eben bekämpfen und die Erziehung wäre genau der Ort, an dem das zuallererst stattfindet. Adorno liefert dazu einen ambivalenten Hinweis, der die Bildung nicht bloß als staatliche Aufgabe, sondern vor allem als individuelle ausweist: „Die einzig wahrhafte Kraft gegen das Prinzip von Auschwitz wäre Autonomie, wenn ich den Kantischen Ausdruck verwenden darf; die Kraft zur Reflexion, zur Selbstbestimmung, zum Nicht-Mitmachen."[1] Dann könnte Adorno einer involutionären Bottom-up-

---

[1] Ebd., 90

Praxis doch nicht so fern sein. Der erste Schritt Grausamkeit zu bekämpfen, heißt die Menschen zu bewegen, sich den Organisationen von Massen, dem Identitären, Homogenisierenden, Diskriminierenden zu entziehen, wozu letztlich auch noch eine Demokratie im Stil von Max Weber gehört. Aber wahrscheinlich denkt Adorno hier gar nicht an das Individuum, das sich auflehnt, an die Bürgerin, die Autonomie realisiert und zwar dadurch dass sie sich im Sinn von Kant und Arendt um die reflektierende Urteilskraft bemüht. Das ist der Weg in die Zivilgesellschaft und der Weg nach Europa, indem der kriegerische Nationalstaat überwunden wird, europäische Institutionen entstehen, die die nationalstaatlichen Gewalten immer weiter teilen – eine fortschreitende Gewaltenteilung, wenn Bürger sich in öffentliche Angelegenheiten einmischen und Anteilhabe durchsetzen. So ließe sich von einer fortschreitenden Gewaltenteilung sprechen, unterscheidet Locke Legislative und Exekutive, Montesquieu zudem Judikative, die mediale Öffentlichkeit als vierte Gewalt, die EU als fünfte und die aktiven außerinstitutionell und autonom agierenden, gebildeten Bürgerinnen als sechste Gewalt, zu der selbstredend keine geführten, diskriminierenden und auf der Straße aufmarschierenden Massen gehören, die ja schon auf Grund ihres Diskriminierungsanspruchs Gewalten gerade nicht teilen wollen.

Und die Aufgabe für die EU und alle ihre Mitgliedsstaaten wäre ‚nach Auschwitz' eine Erziehung zur *Europäerin*, die den Nationalstaat nur noch als Bundesland betrachtet, die sich nicht als Farbig oder Weiß, Frau oder Mann definiert. Wie bemerkt doch Butler: „Als Effekt einer subtilen und politisch erzwungenen Performanz ist die Geschlechtsidentität gleichsam ein ‚Akt', der für Spalten, Selbstparodie, Selbstkritik und hyperbolische Ausstellungen ‚des Natürlichen', die gerade in ihren Übertreibungen ihren grundsätzlich phantasmatischen Status offenbaren, offen ist."[1] Dasselbe gilt für die nationale Identität, deren Auflösung in der Bundesrepublik immerhin ernst genommen wird, aber noch nicht ihre parodistische Wiederholung – höchstens und nicht wirklich, wenn bayerische Volksfeste Faschingscharakter annehmen. Allerdings muss man dazu das trunkene Gegröle und Gelächter geflissentlich überhören. Nur wie ist das möglich?

Auschwitz – das lässt sich heute durchaus feststellen – ist denn auch zum Orientierungspunkt politischer Bildung avanciert, gehört im neuen bundesrepublikanischen Bewusstsein an Stelle von *nation-building* zur *civil-society-building* – man ist versucht von Leitkultur zu sprechen, die an Schulen genauso betrieben wird, wie es ein durchgängiges Thema im Feuilleton darstellt und sich (eben zwischenzeitlich) von selbst versteht, aber nicht leitet, weil sie nicht diskriminiert. Versuche von konservativer Seite im Historikerstreit der achtziger Jahre, oder heute von Rechtspopulisten, das Thema endlich beiseite zu schieben, um zum Untertanenbewusstsein von Pünktlichkeit, Fleiß und Ehrlichkeit als deutscher Leitkultur zurückzukehren, scheitern, haben das Thema geradezu befeuert. So befindet sich jemand wie Sloterdijk mit Bemerkungen wie von „kämpferischen Holocausten der Nationalsozialisten, der Bolschewisten und der Maoisten"[2] und Vergleichen zwischen Holocaust und Massentierhaltung am rechten Rand, in der Nähe von Orban, Le Pen, Erdoğan, Salvini und diversen rechtsradikalen Funktionären. Und gar nicht fern, vielmehr Brüder im Geiste: die Islamisten. Alle zusammen bekämpfen das Individuum, das sie der jeweiligen Gemeinschaft unterwerfen wollen. Das ist nach Arendt Totalitarismus.

---

[1] Judith Butler, Das Unbehagen der Geschlechter (1990). Frankfurt/M. 1991, 215

[2] Peter Sloterdijk, Was geschah im 20. Jahrhundert? Berlin 2016, 126

Auch Oskar Negt lehnt die Bestimmung des Menschen als politischem Wesen von Aristoteles ab. Selbst wenn man diese Anlage unterstellte, ist sie kulturell weitgehend verschüttet, so dass sie keine Automatik mehr entfaltet. Ob sich mit Adorno der Mensch der Untertänigkeit entziehen soll, oder ob er sich der Grausamkeit aktiv politisch in den Weg stellt, in beiden Fällen benötigt er dazu Bildung. So fordert Negt, dass Bildung den Menschen zur Politik befähigen soll – eine Unabdingbarkeit vor dem Hintergrund von Auschwitz wie auch angesichts des rechten Terrorismus: „Kein Mensch wird als politisches Lebewesen geboren; deshalb ist politische Bildung eine Existenzvoraussetzung jeder friedensfähigen Gesellschaft."[1] Dann geht Bildung der Demokratie voraus. Weil der Mensch nicht mit politischem Bewusstsein auf die Welt kommt, wird er zur Politik nur durch eine bestimmte Erziehung befähigt, die nicht wie bei Rousseau auf seine Natur rekurrieren kann. Erziehung wirkt konstruierend und nicht entbergend, entfaltet nicht Anlagen, sondern initialisiert höchstens Haltungen, was angesichts der verbreiteten Grausamkeit als unabdingbar erscheint. Deswegen ist ja Rousseaus Idee, dass das Kind den Erzieher erzieht, so unsinnig, sind gerade Kinder objektiv grausam – auch wenn das trotzaltrige Jesuskind von Leonardos „Die heilige Johanna selbdritt" (um 1508), das gerade dem Schäflein das Genick bricht, eine böse Unterstellung sein mag, gibt es ja Leute, die den Gesichtsausdruck des Knirpses auch noch süß finden, zu dem Volker Reinhardt bemerkt: „Sein zur Mutter zurückgewandter Kopf drückt puren Mutwillen aus, als wollte er sagen: Versuch nur, mich daran zu hindern!"[2]

[1] Oskar Negt, Der politische Mensch – Demokratie als Lebensform, Göttingen 2010, 13

[2] Volker Reinhardt, Leonardo da Vinci – Das Auge der Welt - Biographie, München 2018, 258

Um den Erzieher zu erziehen, bleibt ein Kind viel zu unbestimmt genauso nichtssagend wie die Natur, auf die Rousseau hofft. Wie sollte die Natur lehren, nicht grausam zu sein? Vielleicht weil sich – sollten gewisse Hypothesen über die menschliche Vorgeschichte nicht danebenliegen – der kriegerische Mensch dem Sesshaftwerden vor ca. 10.000 Jahren verdankt, während zuvor der Jäger und Sammler noch friedlich durch die Wildnis streifte? In diesem Sinn interpretiert Michael Tomasello die Frühgeschichte: „Moderne Menschen fingen nicht ganz von vorne an, sondern bauten auf der Kooperation der Frühmenschen auf. Die menschliche Kultur ist frühmenschliche Kooperation im großen Stil."[1] Aber warum sollten die einstmals friedlichen Anlagen den darauf folgenden Prozess der Evolution überlebt haben, nachdem sie den Ausbruch der kriegerischen Gesinnung offenbar nicht verhindern konnten und die Menschen seitdem im Krieg leben, der äußerst mühsam nur domestiziert werden kann? Nicht die Natur wird diesen Krieg befrieden, höchstens die Kultur als kontingentes Resultat diverser konstruktiver Bestrebungen.

Allerdings zeigt sich bei Negt auch eine gewisse Inkonsequenz, wenn er schreibt: „Werden jedoch wie bei Max Weber, Politik und der politisch handelnde Mensch so eng in das Kategoriensystem von Macht und Staat eingebunden, dass Politik zu einer Sondersphäre mit eigenen Gesetzen gerinnt, dann wird durch eine solche Professionalisierung der Politik und ihre arbeitsteilige Verselbständigung gerade jenen politischen Lebewesen Atemluft und Boden entzogen, an die Aristoteles im Sinn einer *eudämonia* des Gemeinwesens dachte, als er vom *zoon politikon* sprach."[2] Ob man diese politisch Interes-

[1] Michael Tomasello, Eine Naturgeschichte des menschlichen Denkens, Berlin 2014, 126

[2] Negt, Der politische Mensch, 14

sierten und Engagierten auf die Anthropologie von Aristoteles beziehen kann, erscheint eher fragwürdig. Doch die Professionalisierung der Politik beruhte zu Zeiten von Weber darauf, dass sich die Zeitgenossen nicht an der Politik beteiligen sollen, sondern ihren politischen Führern gehorchen. Wie bei Schmitt machen nur die Führer Politik, nicht Bottom-up die Bürgerinnen, denen nur zu gehorchen bleibt, die insofern auch keine Bürgerinnen sind, sondern Untertanen, ‚Männer' eben, für die gilt, was Pankaj Mishra bemerkt: „Vom materiellen Fortschritt besessen, übersahen die Hyperrationalisten auch den Reiz einer durch ‚Rückständigkeit' geprägten Identität und die hartnäckigen Freuden einer Opferrolle."[1] Warum aber Vertreter der Aufklärung bis heute dergleichen Animationen übersehen haben sollten, verwundert doch. Da hat Mishra viele Debattenstränge selbst übersehen. Wen verwundert denn, dass es nicht nur Traditionalisten, sondern auch immer noch Faschisten gibt? Wen verwundert, dass in den letzten zehn Jahren der Populismus Erfolge feiern konnte? Aufklärungsprozesse brauchen nun mal ihre Zeit und müssen vor allem von den Bürgerinnen selbst befördert werden. Das aber ist in den letzten Jahrzehnten in viel größerem Maße geschehen als in den 200 Jahren zuvor. Ob sich das fortsetzen wird, ist offen, aber nicht aussichtslos, wie es Kulturpessimisten gerne unterstellen und die darin häufig sowieso keinen Vorteil sehen. Doch Hegel behält hier gegen Marx Recht: Der Fortschritt fußt auf der Verbreitung individueller Mündigkeit, nur nebenbei auf der gerechten Verteilung von ökonomischen Gütern.

Wenn es um Involution geht, betreibt die Bürgerin keine Antipolitik, sondern arrangiert sich mit der profes-

---

[1] Pankaj Mishra, Politik im Zeitalter des Zorns. Das dunkle Erbe der Aufklärung; in: Heinrich Geiselberger (Hrsg.), Die große Regression, Berlin 2017, 177

sionalisierten Politik, die generell zu beschimpfen keinen Sinn macht, nur für den hilflosen Untertan, dem nichts anderes einfällt als das, was ihm seine Führer vorsagen. Dagegen hat sich das Bewusstsein vieler Bürgerinnen gehörig von der Untertänigkeit entfernt, so dass es neben der institutionalisierten Politik eine außerinstitutionelle Partizipation an der Politik gibt. Dazu bedarf es freilich nicht nur der politischen Bildung, weil ansonsten, wie es sich bei fremdenfeindlichen, nationalistischen Untertanen zeigt, eine bewusstlose Aggressivität und ein Glaube an menschenverachtende Ideen vorherrschen. Und selbstredend finden sich auch in der Zivilgesellschaft viele, die sich aggressiv und exkludierend benehmen. So beruft sich Negt auf Arendt: *„Politische Bildung besteht darin, aus den einigen wenigen mehr zu machen*; mehr ist, wie Hannah Arendt in zutiefst humaner Zurückhaltung betont, nicht zu verlangen.“[1] Negt bezieht sich mit den ‚wenigen‘ auf Anton Schmid, der als deutscher Offizier im besetzten Polen dem Widerstand half und von den Deutschen ermordet wurde. Man kann an dieser Stelle auch an Wolfgang Abendroth erinnern, der in einem Strafbataillon in Griechenland Partisanen bekämpfen sollte, stattdessen desertierte und sich diesen anschloss. Wenn sich in Deutschland seit den Auschwitz-Prozessen in den sechziger Jahren, nachdem zwei Jahre zuvor *Eichmann in Jerusalem* verurteilt worden war, der politischen Moral langsam die Chance zu einer Wiederkehr bot, dann gründet das auf dem Handeln solcher widerständiger Menschen – bei Anton Schmid im Angesicht der Aussichtslosigkeit – in der absurden Situation Camus‘, ebnen Schmid, Abendroth, Sartres Orest und Camus‘ Dr. Rieux den Weg zur mündigen Bürgerin, in die Zivilgesellschaft und mit Camus‘ mittelmeerischem Den-

---

[1] Oskar Negt, Der politische Mensch, Göttingen 2010, 17

ken zu einem Europa, das durch *die Europäerin* den Weg der Nationalstaaten verlässt.

Denn eine Demokratie, die nicht allein eine verbreiterte Legitimation für Elitenherrschaft darstellt, die vielmehr darauf beruht, dass sich viele Menschen politisch engagieren, um dadurch der Grausamkeit und Diskriminierung zu widerstreiten, eine solche Demokratie lebt von Involution und nicht von der Revolution oder Exklusion, die Weber und Schmitt vorschweben. Eine solche Demokratie beruht auf Bildungsprozessen diverser Art. So fordert Negt: „Demokratie ist also jene gesellschaftliche Lebensform, die sich nicht von selbst herstellt, sondern gelernt werden muss. Deshalb ist die Frage nach lebenslangem Lernen, nach Erwachsenenbildung, die über die enge berufliche Qualifikation hinausgeht, Existenzbedingung einer demokratischen Gesellschaftsordnung.“[1] Man darf ergänzen, dass sich keine Staatsform von selbst herstellt, jedenfalls keine politische, die Politik nicht als Ordnung, sondern als Kommunikation versteht. Aber zur *Demokratie als Lebensform* gehören natürlich mehr Beteiligte als zu einer Diktatur, die sich auf das Militär und den Ausnahmezustand stützt. Die Diktatur braucht denn auch keine politische Erwachsenenbildung, sondern nur den gehorsamen Untertanen, den eine autoritäre Schulform und die allgemeine Wehrpflicht produziert und zum Diener seines Staates macht.

Wolfgang Klafki schwebt ein ähnliches Konzept als Allgemeinbildung vor, die sich in eine politische Bildung transformiert. Allgemeinbildung besitzt denn einen intrinsischen Bezug zur Politik, der es um das Allgemeine gehen soll. So fordert er eine „Allgemeinbildung als Bildung *für alle* zur Selbstbestimmungs-, Mitbestimmungs- und Solidaritätsfähigkeit, – als kritische Auseinandersetzung mit einem neu zu durchdenkenden Gefüge *des All-*

---

[1] Negt, Der politische Mensch, 174

gemeinen als des uns alle Angehenden und – als Bildung *aller* uns heute erkennbaren *humanen Fähigkeits*dimensionen des Menschen. Allgemeinbildung muss gerade heute, neu aufkommenden Entpolitisierungsbestrebungen entgegen, auch als *politische Bildung* zur aktiven Mitgestaltung eines weiter voranzutreibenden Demokratisierungsprozesses verstanden werden."[1] Daraus ergibt sich aber jene Problematik, dass das Allgemeine den politischen Konflikt aufhebt, selber den Konflikt gerade nicht verkörpert. Wenn indes an die Stelle des Allgemeinen, das sich ohne Rückgriff auf eine Weltanschauung oder zumindest bestimmte formale Strukturen nicht skizzieren lässt, der Konflikt tritt, dann kann man vor allem das von Klafki erwähnte Solidaritätsgefühl nicht mehr einfach begründen. Als normativer Anspruch tritt es an die Bürgerinnen von außen heran, können sie diesem Anspruch auch widersprechen, bzw. gerät es in den von Paul Ricœur so benannten „Konflikt der Interpretationen". Eine Mitbestimmungsfähigkeit umgekehrt reicht Involutionsansprüchen nicht, die durchaus die politische Ordnung, d.h. die Verteilung der Rechte in Frage stellen und die sich vor allem nicht selbstverständlich in diese Ordnung einfügen. Bei der Involution geht es nicht primär um Solidarität, sondern um Teilhabe, bei der erstere beiherspielt, weil Involutionsaktivitäten zumindest teilweise einen die Bürgerin moralisierenden Effekt haben. Sie entwickeln dabei nämlich Verantwortung, die sich auch auf die Mitbürgerin bezieht und aus der sich solidarisierende Effekte ergeben. Mitbestimmung hat zwar durchaus einen demokratisierenden Effekt, zumeist aber nur einen repräsentativen, wie es sich beispielsweise bei der betrieblichen Mitbestimmung zeigt.

---

[1] Wolfgang Klafki, Neue Studien zur Bildungstheorie und Didaktik – Zeitgemäße Allgemeinbildung und kritisch-konstruktive Didaktik (1985), 2. Aufl. Weinheim/Basel 1991, 40

Negt zielt speziell auf eine Erwachsenenbildung ab, die demokratische Politik vermitteln soll. Nicht nur die Schule bildet politisch. So fordert Negt neue Bildungsinstitutionen, die auf ein lebenslanges Lernen ausgerichtet sind: „Wenn das europäische Thema Zivilgesellschaft, Bürgergesellschaft, Demokratie Gegenstand der Diskussion ist, dann können wir nicht mehr davon ausgehen, dass in der Kindheit und in den Schulen erworbenes Wissen das ganze Leben lang tragfähig bleibt.“[1] Lebenslanges Lernen hat sich längst als Grundmuster in der Arbeitswelt eingestellt. Genauso verbreitet es sich im persönlichen Leben von Ulrich Becks Patchwork-Familien und Bastelbiographien, wenn die Familien gemeinhin nicht mehr ein Leben lang halten, sondern immer wieder erneute Umorientierung nötig erscheint. Hier tangieren sich denn auch Ausbildung, Bildung und politische Bildung. Die politischen Umstände verändern sich laufend, kann man sich auf gewohnte politische Institutionen nicht einfach verlassen, muss man daher aber verstehen, warum solche Veränderungen stattfinden und wohin sie womöglich führen, um nicht in Panik revolutionären Untergangs- und Verschwörungstheorien oder diskriminierenden Patentrezepten von Populisten oder monokausal denkenden Postmarxisten auf den Leim zu gehen.

Negt aber verschärft seine Forderung nach lebenslangem politischen Lernen noch um eine markante Pointe: „Meine Forderung ist daher, *Pflichtinstitutionen für Erwachsenenbildung* zu schaffen, die aus öffentlichen Geldern bezahlt und erhalten werden, sodass sie im Rang und Status dem öffentlichen Schulsystem gleichgestellt sind. Warum soll es nicht Pflicht werden, dass ein Erwachsener, der eine hohe Lebenserwartung von siebzig, achtzig Jahren hat, fünf oder sechs Jahre davon Bildungseinrichtungen besuchen muss und dafür auch Zer-

[1] Oskar Negt, Der politische Mensch, Göttingen 2010, 178

tifikate bekommt? (. . .) Je höher Lernen in der Hierarchie öffentlicher Interessen angesetzt ist, desto stärker werden auch die Motive sein, sich freiwillig und selbstbestimmt weiterzubilden.“[1] Warum fällt so vielen nichts anderes ein als autoritäre Top-down-Methoden? Es klingt nicht hübsch, aber plausibel, dass der unpolitische Mensch zwangsgebildet werden muss. Im Rahmen der schulischen Erziehung wird das fleißig betrieben.

Dass man überhaupt Demokratie auf eine Zwangsinstitution stützen kann, das darf man doch in Frage stellen. Wenn zur Demokratie die Zivilgesellschaft gehört – was man in der westlichen Welt heute weitgehend anerkennt, auch Negt – dann muss der Staat dieser Zivilgesellschaft Bottom-up-Spielräume öffnen und diese vor allem sich selbst überlassen, müssen sich in ihr die Bürgerinnen gerade selber bilden, darf man ihnen das auch nicht vorschreiben. Die EU öffnet beispielsweise durch den Schengen-Raum, den Euro, den Binnenmarkt und die Niederlassungsfreiheit derartige Spielräume. Involutiven Charakter hat Negts Vorschlag kaum, entstammt dieser eher einem patriarchalischen Denken, sollte man stattdessen mit Anreizen operieren, um Bürgerinnen zur politischen Bildung zu motivieren. Es geht in der Demokratie gerade um Freiheit, zu der man zweifellos sehr vieles lernen muss. Aber nicht jede kann man nötigen, sich für Politik zu interessieren. Wenn die Zeitgenossin kein staatenbildendes Lebewesen ist, dann ist die politische Lebensform auch keinesfalls eine, die jeder taugt, zu der man jede verpflichten könnte, um sie zu einem demokratischen Wesen zu machen. Wenn es kein politisches Wesen der Bürgerin gibt, kann dergleichen auch nicht mit Gewissheit bzw. wohlgeplant erzeugt werden. Man muss auch akzeptieren, wenn sich Bürgerinnen nicht für Politik interessieren.

---

[1] Negt, Der politische Mensch, ebd.

Woraus die Zeitgenossen ihre Motive und Antriebe zur Involution entwickeln, muss nicht geklärt werden. Aber es gibt Individuen, die Camus, Sartre und de Beauvoir als zum Widerstand fähige beschreiben, die von sich aus Widerstand gegen den Nationalsozialismus leisteten und die heute Involution beanspruchen, sich dabei auch ihrer staatlich, familiär oder privat verordneten Bildung bedienen, um diese dabei jedoch zu überschreiten bzw. deren Zweck zu verschieben. Ob die Republik Italien oder die Republik Frankreich nach dem Untergang von Faschismus und Nationalsozialismus aus dem Geist der Widerstandsbewegungen geboren wurden, darüber darf man streiten. Aber die Zivilgesellschaften in der westlichen Welt haben in diesem Widerstand ihre Wurzeln, auch wenn sie sich erst ein, zwei Jahrzehnte nach dem zweiten Weltkrieg entfalteten. Stéphane Hessel stellte vor einem knappen Jahrzehnt eine ähnliche, aber weiterreichende Verbindung her, wenn er aufruft: „Das Grundmotiv der Résistance war die Empörung. Wir, die Veteranen der Widerstandsbewegungen und der Kampfgruppen des *Freien Frankreich*, rufen die Jungen auf, das geistige und moralische Erbe der Résistance, ihre Ideale mit neuem Leben zu erfüllen und weiterzugeben. Mischt euch ein, empört euch!“[1] Dabei beruft sich Hessel explizit auf Sartre. Populisten, die sich ihre Wirklichkeit nach ihren Wünschen zurechtzimmern, wenn ihre Studentenvereinigung in München die Kommilitonen aufruft, gemäß ihrer Vorbilder wie der Geschwister Scholl Widerstand gegen die Demokratie zu leisten, versuchen auf der Klaviatur ihrer Feinde zu spielen. Ein Trick, nur einfallslos, können sie offenbar nicht mit eigenen Vorbildern glänzen.

Die mündige, verantwortliche Bürgerin wurde dagegen im Widerstand wenn nicht unbedingt geboren, so massiv gestärkt, Bürgerinnen, die über nationale Grenzen

---

[1] Stéphane Hessel, Empört Euch! (2010), Berlin 2011, 9

hinweg ähnliche Probleme haben, die sich vor allem nicht mehr primär an ihren Staaten orientieren, obwohl ihre jeweiligen Ansprechpartner zunächst die Staaten sind, in denen sie leben. In Europa haben sie aber auch die Möglichkeit jenseits davon, sich an Institutionen der EU zu wenden. Und da der Kosmopolitismus zu weit schweift, bildet in Europa die Union einen involutiveren Rahmen als der Nationalstaat, nicht unbedingt für politische Karrieren, aber für die außerinstitutionelle Kommunikation politischer Probleme. Schon aus diesem Grund orientiert sich involutive Bildung allemal nicht an Ländergrenzen, würden viele gerne gleich kosmopolitisch im Rahmen eines Weltstaates denken, den die UN indes nicht bieten, eher in beschränktem Rahmen die EU, auch wenn es dabei weniger um die europäischen Institutionen geht, als dass die EU einen Horizont skizziert, der den europäischen Zivilgesellschaften ein Zusammenspiel erlaubt, der Involution befördert und Diskriminierung behindert. So interveniert die EU, wenn in den Mitgliedsländern rechtstaatliche und demokratische Institutionen abgebaut werden. Das mag vielen zu wenig und zu schwach sein. Aber die EU beruht auf Konsens und nicht auf Kommando, wiewohl viele ja gerne kommandieren würden. Konsens ist dabei allemal demokratischer als ein Kommando, das strukturell mit Politik nichts zu tun hat, sondern mit Polizei. Und dass Konsens schwierig herzustellen ist, das erlebt die Zivilgesellschaft bei allen ihren Aktivitäten. Es entbehrt nicht einer gewissen Ironie, dass Politiker, die zuhause den Ton angeben, auf EU-Ebene mühsam um Zustimmung werben müssen, ein Lernprozess, der für manche schwierig ist. Aber die mündige *Europäerin* muss sich selbst bilden, warum nicht auch die Präsidentin.

SELBSTBILDUNG SEIT 1968 ALS WEGBEREITUNG DER ZIVILGESELLSCHAFT

Jedenfalls beruht die Zivilgesellschaft vornehmlich auf der Selbstbildung ihrer Bürgerinnen, bei der sich diese auch staatlicher Bildungsangebote bedienen. Versuche der Selbstbildung sind wahrscheinlich nicht neu, eher historisch betrachtet eine öffentliche Bildung. Die Wege dazu bereitete die Aufklärung und hier insbesondere Rousseau, der das Kind als noch unverbildet durch die Gesellschaft betrachtet und daher empfiehlt, dem Kind eine eigene Entwicklung zu ermöglichen: Das Kind erzieht dann den Erzieher, schließlich legt die Natur dem Kind eine eigene Form der Verständigkeit in die Wiege, an die sich der Erzieher anzupassen hat. Was empfiehlt Rousseau 1763 doch dem späteren Herzog Ludwig Eugen von Württemberg bezüglich der Erzieherin von dessen Tochter: „Wenn sie nicht lesen kann, umso besser, dann wird sie es mit ihrem Zögling lernen."[1] Rousseaus Unterstellung dabei ist, dass der natürliche Wille immer das Gute für den Körper will, so dass der Wille dann die Vernunft lenkt, wenn diese dem Körperwohl entspricht.

Ganz so einfach hat es sich A.S. Neill nicht gemacht, der mit seiner Schule in Summerhill und seinem Konzept einer antiautoritären Erziehung die jungen Generationen der sechziger Jahre beeinflusst, die mit ihren pädagogi-

---

[1] Jean-Jacques Rousseau, „Ich sah eine andere Welt" – Philosophische Briefe. München 2012, 171

schen Vorstellungen wesentlich zur Entstehung der Zivilgesellschaft beigetragen haben. Dabei ist Neill weniger vernunftpessimistisch als Rousseau, entspringt die Vernunft für ersteren offenbar der Natur. Zudem hallt bei Neill ein platonischer Gedanke nach, dass Kinder durch ihre Anlagen bestimmt werden. Die Natur des Kindes verbindet für Neill Verstand und Anlage.

In einer idealen familiär oder sozial unbeeinflussten Entwicklung könnte man vielleicht davon ausgehen. Aber da es immer äußere Einflüsse gibt, selbst wenn man versucht, sie zu reduzieren, so darf man doch hinterfragen, ob es überhaupt so etwas wie eine starke Vorbestimmtheit gibt, ob sich ein Kind nicht vielmehr anhand der Einflüsse entwickelt, denen es ausgesetzt ist. Zu viele machen das nach, was ihre Eltern vorleben. Hängt das nicht letztlich von der Geschicklichkeit der Eltern ab? Dass reiche Eltern bessere Gene haben und ihre Kinder deswegen auf Eliteschulen ausbilden können, klingt doch ziemlich absurd, obwohl implizit just das viele, vor allem viele der Betroffenen denken, erhält ihre elitäre Position dadurch schließlich ein natürliches Flair vergleichbar mit einem Heiligenschein. Doch die Kinder der Reichen werden zumeist schlicht vom materiellen Erbe angesogen. Die Kinder der Mittelschichten werden mit einer guten Ausbildung versorgt. Und die Kinder der Armen brauchen nicht nur staatliche Unterstützung, sondern auch mentale. Ansonsten machen sie Ähnliches wie ihre Eltern. Andererseits warum sollen Kinder keine spontanen Interessen entwickeln. Auch Shulamith Firestone konstatiert 1970 in der heißen Phase, als 68 die Gehirne der jungen Revoltierenden antrieb und die Frauenbewegung ihren Take off erlebte: „Der beste Weg ein Kind zu erziehen, ist, es in Ruhe zu lassen.“[1] Womit sie Neill und

[1] Shulamith Firestone, Frauenbefreiung und sexuelle Revolution (1970), Frankfurt/M. 1975, 87

Rousseau verlängert, um derart auch eine gewisse Parallele zwischen beiden zu entbergen.

Eine Erziehung, bei der die Kinder weitgehend ihren eigenen Wünschen und Bedürfnissen folgen, hält Neill trotzdem vielleicht nicht ganz zu Unrecht für kulturell wirksam. Die politische Philosophie geht zumeist davon aus, dass die staatlichen Institutionen die Erziehung vorgeben. Will man letztere ändern, um den Menschen zu ändern, muss man also zuerst die staatlichen Institutionen ändern – das klassische Top-down-Muster. Neill dreht dieses Verhältnis gegen den damaligen Zeitgeist zu einem historisch frühen Zeitpunkt um, als in den fünfziger Jahren die Kriegergesellschaft noch weitgehend ungebrochen und unhinterfragt dominierte. Und er unterstellt, was damals die allermeisten für absurd gehalten hätten: „Es gibt so wenige Kinder, die nach eigenen Gesetzen leben dürfen, dass jede Beschreibung nur ein Versuch sein kann. Beobachtet man solche Kinder, so weisen sie auf den Beginn einer neuen Kultur hin, deren Beschaffenheit eine radikalere Veränderung aufweist als jede neue Gesellschaft, die von den politischen Parteien versprochen wird.“[1]

Auch hier ist er Rousseau nicht so fern, der politisch eher pessimistisch war und wenn auch nicht gerade allzu hoffnungsfroh doch auf die Erziehung setzt. Für Rousseau – so könnte man seine Logik implizit anlegen – müsste erst der Mensch erzogen werden, bevor sich die Kulturentwicklung ändert. Das kann aber schwerlich von den staatlichen Institutionen ausgehen, die nach Rousseau Produkt einer depravierten Kultur sind. Dann ist die Bürgerin selbst gefordert, einen solchen Wandel anzugehen. Im 18. Jahrhundert war Erziehung denn auch weitgehend Privatangelegenheit, konnten sich nur der Adel und das

[1] Alexander Sutherland Neill, Theorie und Praxis der antiautoritären Erziehung – Das Beispiel Summerhill (1959), Hamburg 1970, 113

reiche Bürgertum Hauslehrer leisten. Allemal aber ging die Erziehung von der Familie aus, nicht vom Staat.

Vor dem Hintergrund der Totalitarismen und vielen Familien, die die totalitäre Struktur reproduzierten – nämlich höchste Kontrolle der Mitglieder, um maximal egoistische Gemeinschaftsinteressen brutal durchzusetzen, also gerade kein Ethos und schon gar kein Eros – erweisen sich beide Optionen, Familie und Staat für Neill als schwer annehmbar. Denn gerade darauf, auf die seit dem 19. Jahrhundert immer militarisierteren Erziehungsmethoden waren Neills Ansätze eine Antwort, die mit der Schwierigkeit zu kämpfen hatten, dass sich die traditionellen Erziehungsinstitutionen für sein Konzept nicht gebrauchen ließen. So darf es auch nicht verwundern, dass es sich nicht durchsetzte. Nicht die kriegserfahrene Elterngeneration und nicht der antikommunistische Staat fördern solche Ideen.

Es werden gegen die Intention Rousseaus – denn offenbar ist der kulturierte Mensch nicht strukturell verdorben und muss durch das natürliche Kind ersetzt werden – und vor allem bottom-up die Kinder der kriegsgestörten Generationen selber sein, just die, die von dieser Kriegsgeneration schon falsch – Nazis werden das anders sehen –, nämlich mit unpolitischen kriegerischen Idealen, erzogen wurden, die sich von Neill inspirieren lassen: die Jugend der sechziger und siebziger Jahre, die der militarisierten Gesellschaft zu entfliehen versuchte.

Man kann durchaus davon ausgehen, dass diese pädagogischen Inspirationen nachhaltig wirkten, dass sie die Intentionen der Achtundsechziger Generationen tiefgreifend verändert haben, ohne dass Neills Ideen unmittelbar umgesetzt worden wären. Aber auch Schulen und Universitäten entwickelten seit den siebziger Jahren ein verändertes Selbstverständnis und Erziehungsklima, auch und gerade in der Erziehungswissenschaft, wiewohl diese schwerlich einem gewissen elitären Lenkungshang entgeht, so sehr sie sich auch um alternative Modelle in der Erziehung und Bildung bemühen mag. Obendrein unterliegt sie den vielfältigen Reformprozessen seit jenen Jahren.

Vor allem aber fingen viele aus individuellen Motiven heraus an, ihr eigenes Leben gegenüber dem ihrer Eltern zu verändern. Nach Charles Taylor wird seit den sechziger Jahren die Ethik der Authentizität breitenwirksam: „Die Revolten der Jungen während der ‚Sechziger' richteten sich tatsächlich gegen ein ‚System', das Kreativität, Individualität und Phantasie erstickte."[1] In gewisser Hinsicht widerlegten sie damit vor allem Rousseau und nebenbei auch Neill: der Mensch muss nicht erst anders erzogen werden, das Kind muss nicht nach eigenen Gesetzen leben können. Das Individuum muss vielmehr selbst anfangen sich zu verändern – was nicht folgenlos bleibt, obwohl nicht die Erziehung dergleichen auf den Weg bringt, sondern bottom-up die Selbstbildung der Erwachsenen, meistens jüngeren, die das dann in die Erziehung ihrer Kinder einführen, was auch die Lehrer ihrerseits vorantreiben, um dadurch die Schule seit den Siebzigern nachhaltig zu verändern. Jedes Individuum darf sich aus den vorgegebenen gesellschaftlichen Anschlüssen lösen und nach anderen Beziehungen, nach anderen Involutionen suchen – was Traditionalismus wie Nationalismus ablehnen. Auf dieser individuellen Ebene tangieren sich Involutionsbestrebungen und Individualisierungsprozesse und bringen dabei Bildung gegen die klassischen Erziehungsinstitutionen in Stellung, sicherlich mit beschränkter Aussicht auf Erfolg, aber keineswegs folgenlos, gerade für die Erziehung, wenn die postachtundsechziger Generationen auch ihre Kinder anders erziehen. Vor allem wirken sich solche Bemühun-

[1] Charles Taylor, Ein säkulares Zeitalter (2007), Frankfurt/M. 2009, 793

gen auf das Leben derjenigen aus, die sich solchen Anstrengungen unterziehen. Und darüber hinaus.

Nicht nur Marxisten, sondern die weit verbreiteten Vertreter einer Elitenherrschaft werden dem widersprechen bzw. dergleichen für wirkungslos oder gefährlich halten. Aber die berühmte Frage jeder Erziehungsdiktatur „Wer erzieht die Erzieher?“ ist damit obsolet geworden. Wenn man die Gesellschaft ändern will, und zwar involutiv und nicht revolutionär, bottom-up von den Individuen aus und nicht top-down von Elitengruppen, dann müssen das die Bürgerinnen selber anfangen und zwar mit Selbstbildung und einer antiautoritären Erziehung ihrer Kinder. Aus dieser Perspektive entfaltete sich ein neuer Eros, der sich auf ein Ethos stützt, das die Agape verabschiedet. Denn diese zivilgesellschaftlich inspirierten Bürgerinnen befreien sich aus einer rigiden Sexualmoral der Kriegergesellschaft – in den Sechzigern nicht zuletzt mit Hilfe der Pop-Musik oder der Massenmedien, die seit dem zweiten Weltkrieg solche Bedürfnisse gerne befriedigen, was ihnen wiederum den Hass von Konservativen und Traditionalisten einbrachte, der Rechten sowieso.

Daher darf man sich über die Worte Karl-Otto Apels wundern, wenn er noch 1988 und nicht 20 Jahre früher schreibt, also als sich die Zivilgesellschaft schon seit fast 20 Jahren auf den Weg gemacht hatte: „Die in modernen Rechtssystemen und in den Spielregeln der demokratischen Regierungsform implizierten Moralprinzipien repräsentieren sogar durchweg ein höheres, postkonventionelles Niveau des moralischen Bewusstseins als das von der Mehrzahl der Bürger erreichte.“[1] Apel hält Top-down-Prozesse offenbar für seriöser als Bottom-up-Einflüsse. Solange sie den Rechtstaat noch nicht korrumpierten, gilt

[1] Karl-Otto Apel, Diskurs und Verantwortung – Das Problem des Übergangs zur postkonventionellen Moral, Frankfurt/M. 1988, 364

Apels These selbstverständlich für Nazis und offensichtlich für die Anhänger der Nationalisten wie der Populisten, die wie in Polen prompt angefangen haben, die Justiz zu behindern.

Doch der Staat vertritt mit seinen Institutionen schlicht die eigenen Interessen der Verhinderung von Konflikten, eine Logik die die Wissenschaften empfehlen, wenn beispielsweise der Soziologe Heinz Bude die Immigrantenkinder in Deutschland dazu auffordert, keine universitäre, sondern eine berufliche Bildung in der Wirtschaft anzustreben, was den Druck auf die etablierten neuen Mittelschichten mildern würde.

Natürlich nicht immer, aber häufig und insbesondere im Rahmen der Zivilgesellschaft entwickeln dagegen die Bürgerinnen ein nachhaltigeres moralisches Bewusstsein, was sie schließlich ihrerseits von populistischen Versammlungen strukturell unterscheidet, und sie auch gegenüber manchen staatlichen Institutionen – z.B. dem Justizwesen - gelegentlich überlegen macht. Allemal wenn sie Wittgenstein gelesen haben, kann sich das Gericht höchstens auf die Macht berufen. Aber sprachphilosophisch aufgeklärte Bürgerinnen werden auch so klug sein, ein rechtstaatliches Verfahren nicht als Siegerjustiz abzutun. Sie können differenzieren und urteilen und zwar im Sinne der erweiterten Denkungsart von Kant und Arendt.

Bei der Entwicklung der Zivilgesellschaft spielen Selbstbildungskonzepte also eine wichtige Rolle, obgleich sie natürlich nicht die staatlichen Erziehungs- und Bildungsinstitutionen ersetzen können. Diese werden die Hauptlast von Bildung und Erziehung tragen. Trotz des zivilgesellschaftlichen Anspruchs auf Selbstbildung, klingen die Worte Ivan Illichs, eines Vordenkers des Autodidakten, nicht nur reichlich utopisch, sondern auch problematisch: „Ein gutes Bildungswesen sollte (. . .) allen, die lernen wollen, zu jedem Zeitpunkt ihres Lebens Zugang zu vorhandenen Möglichkeiten gewähren; es sollte allen, die ihr Wissen mit andern teilen wollen, Vollmacht geben, diejenigen zu finden, die von ihnen lernen wollen; (. . .) Lernende sollten nicht gezwungen werden, sich einem pflichtmäßigen Curriculum zu unterwerfen, noch sollten sie danach unterschieden werden, ob sie ein Zeugnis oder Diplom besitzen oder nicht."[1] Illich ist nicht bloß durch die Ausbreitung des Islamismus widerlegt worden. Rechte wie religiöse Fundamentalisten möchten häufig ihre Kinder einer staatlichen Erziehung entziehen, um die Entwicklung von involutionären Neigungen zu verhindern. Wie das Internet nicht zur Aufklärung, sondern zur Verwirrnis beiträgt, so würden private Erziehungsformen nicht nur den Ideologien behilflich sein, sie würden auch jene schwache Form des sozialen Bandes unterminieren, die durch eine allgemeine staatliche Erziehung wenigstens ansatzweise gefördert wird. Daher ergänzen sich staatliche schulische Bildung von Kindern und Jugendlichen und individuelle Selbstbildung nicht nur, aber primär als Erwachsene.

Trotzdem war Illich wegweisend für eine Selbstbildung, für den Autodidakten. Doch noch perspektivischer verabschiedet er die Revolution, die 1970 für sehr viele die große Hoffnung darstellte. Mit seinem Plädoyer für einen Bewusstseinswandel trägt er zur Entwicklung der Zivilgesellschaft bei, sagt er damals im Gespräch mit dem Spiegel: „Ich bin für eine Revolution in den Institutionen. Ich sehe die Aufgabe nicht unmittelbar darin, die politische Macht zu verändern oder zu erobern. Kein Machtwechsel kann die Unterentwicklung Lateinamerikas stoppen. Ob wir westliche oder sowjetische Entwicklungshilfe erhalten, ist kaum von Bedeutung. Ich sehe die Aufgabe der Revolution darin, das Bewusstsein zu verän-

[1] Ivan Illich, Entschulung der Gesellschaft, (1971) 2. Aufl. München 1972, 109

dern. Nur die Selbstbefreiung von eingelernten Notwendigkeiten öffnet den Weg in die Zukunft. Das können Sie übrigens bei Marx ebenso nachlesen wie beim heiligen Johannes vom Kreuz, der sich 400 Jahre zuvor ähnlich äußerte."[1]

Zweifellos haben die massenmedialen Entwicklungen die Entstehung von Zivilgesellschaften befördert, gerade wenn sie sich nicht mehr am nationalen Rahmen orientieren müssen, der gemeinhin vom Individuum immer noch eine Art Unterwerfung fordert. Die Zivilgesellschaft bietet einerseits eine andere Orientierung und die Massenmedien ließen andererseits eine internationale Popkultur entstehen, die an ihren Anfängen von der autoritären Kriegergesellschaft massiv abgelehnt wurde und in deren Schoß die Popmusik auch bis heute nicht zurückgekehrt ist, wie wohl es rechte Popmusik gibt, was bemerkenswert insoweit ist, wie es dafür zeugt, dass die Rechten keine eigene Musik haben und zur Marschmusik nicht zurückkehren können: An einem der letzten Silvester sendete *Arte* zuerst die *Stones* in Havanna, dann den schwulen Freddy Mercury immer nackter und danach etwas für die Kriegergesellschaft, für die Anhänger von Populisten, für deren selbsternanntes Volk, nämlich eine zugeknöpfte Sängerin, die offenbar jede Sexyness vermeiden wollte.

Der Populismus hofft auf eine Umkehr. Dabei hat die Kriegergesellschaft bei der Entstehung der Zivilgesellschaft, insbesondere der Emanzipation der Frauen massiv Pate gestanden. Die Familienmütter mussten bereits im Krieg arbeiten und wollten das dann auch danach. Die Technologien gerieten auf Abwege. Das beschreibt Friedrich Kittler: „Die Unfähigkeit der französischen Führung, ihre drei Panzerdivisionen über Funk zu steuern, machte

[1] Ivan Illich, Kann Gewalt christlich sein? Spiegel-Gespräch, Der Spiegel Nr. 9 1970, 104

es Guderian so leicht. Als Führer einer schweren Funkstation schon 1914 an der Marne hatte er zwischen 1923 und 1934 alles daran gesetzt, im Frankreichfeldzug seine zehn Panzerdivisionen mit einer technischen Neuerung aufzurüsten, dem UKW-Funk. Alle Autoradios, die uns zum Sound der *Stones* an ihre geliebte Cote d'Azur trugen, haben nur dies Betriebsgeheimnis des Blitzkriegs übernommen. Die Popmusik wäre sonst jene monophone Sauce aus Venyl oder Mittelwellenradio geblieben, die ein Jahrzehnt zuvor unterm Namen Rock'n'Roll lief."[1] *The Rolling Stones* und Bob Dylan haben den westlichen Zivilgesellschaften eine gemeinsame Gestimmtheit geliefert und sie kulturell über Landesgrenzen hinweg miteinander verbunden. Dass Jahrzehnte später Rechtsradikale sich ähnlicher Klänge bedienen, ändert daran nichts mehr. Im Gegenteil könnte man mutmaßen, dass die dionysische Pop-Musik das rechtsradikale Gedankengut unterwandert. Doch so einfach ist es nicht. Den Rausch kann man auch in den Dienst des Massenmordes stellen –man denken an die Marschmusik oder den Gesang der Kompanie. Aber im Rahmen der Pop-Kultur hat er eher individuelle, bewusstseinserweiternde und erotische Dimensionen, die die Bürgerin aus den Fängen der Marschmusik befreien – sogar den Untertan bei den montäglichen Dresdnern. Förderte für Nietzsche noch das Apollinische der Kunst die Individuation, während das Dionysische das Individuum im Rausch auflöst, so hat die Europäerin in der Zivilgesellschaft den Rausch zur eigenen Entfaltung entdeckt, bei dem sie mit Hilfe von Kontrazeptiva dem hausbackenen Volk keine Soldaten mehr gebären muss. Wie bemerkt doch Hans Blumenberg: „Dass sie <die Wissenschaft> Freiheiten verschafft, ist unbezweifelbar; ich erinnere an die einzige wirklich be-

[1] Friedrich Kittler, When The Blitzkrieg Raged; in: Albert Kümmel-Schnur (Hg.), Sympathy for the devil, München 2009, 139

deutende Veränderung des menschlichen Verhaltens in unserem Jahrhundert durch die Kontrazeptiva."[1]

Nicht ganz so der Zivilgesellschaft dienlich verläuft heute die Entwicklung des Internet. Es lässt sich viel leichter von der Banalität gebrauchen – à la Bild-Zeitung. Aber das galt auch für das Radio. Zu früh hat jene Piraten-Partei gejubelt. Wenigstens bietet die Peripherieorientierung des Internet neue Chancen für die Individuen, an Politik und Gesellschaft außerinstitutionell teilzunehmen, was die klassischen Massenmedien ob ihrer Zentrierung kaum ermöglichten: Ob Zeitung, Radio oder Fernsehen, alle werden von einer Redaktion gelenkt, auf die die Rezipienten grundsätzlich keinen Einfluss haben. Dabei befördert sie immer nur die große Zahl. Die Rezipienten können sich vermittels der klassischen Massenmedien nicht selber gegenüber einer Öffentlichkeit äußern, sondern eben nur massenmedial vermittelt. Höchstens repräsentieren Massenmedien die Stimmen von Minderheiten. 1989 „explodiert die Welt der generalisierten Kommunikation" für Gianni Vattimo „wie eine Vielfalt ‚lokaler' Rationalitäten – ethischer, sexueller, religiöser, kultureller oder ästhetischer Minderheiten – die nun das Wort ergreifen, da sie endlich nicht mehr von der Vorstellung, dass eine einzige Form echter Humanität auf Kosten aller Eigenheiten, aller eingeschränkter, ephemerer und kontingenter Individualitäten zu verwirklichen sei, zum Schweigen gezwungen und unterdrückt werden."[2] Damit umschreibt er jene Involutionsprozesse seit den Sechzigern vor dem Hintergrund einer Vielfalt von Weltanschauungen, die nicht mehr unterdrückt werden, die vielmehr in den Medien an die Öffentlichkeit gelangen.

---

[1] Hans Blumenberg, Beschreibung des Menschen – Aus dem Nachlass, Frankfurt/M. 2006, 479

[2] Gianni Vattimo, Die transparente Gesellschaft (1989), Wien 1992, 21

Aber die Massenmedien entfalten noch keine individuelle Eigenständigkeit, die erst das Internetzeitalter ein Jahrzehnt später der Bürgerin erlauben wird. Denn seither kann sich jede über das Netz einer Öffentlichkeit gegenüber äußern – zweifellos ein weitergehender partizipatorischer Effekt, der als solcher involutive Chancen eröffnet: am öffentlichen Diskurs können dadurch viele Zeitgenossinnen aktiv teilnehmen, wozu letztlich – wie die gleichzeitig sich ausbreitende Banalität demonstriert – wiederum Bildung zur Humanität notwendig ist, sei es die Fähigkeit der Kommunikation, seien es technische Fertigkeiten, mit der Informationstechnologie umzugehen, also Medienbildung im engeren Sinn, die von der klassischen Bildung jedenfalls involutiv nicht zu trennen ist, ohne die es denn auch gerade an Humanität mangeln würde.

Dass potentiell sich jeder gegenüber einer großen Gruppe von Menschen äußern kann, hat freilich keine notwendigen involutiven Folgen. Vielmehr entstehen dadurch Risiken, fördert das Internet auch ausgrenzende und diskriminierende Tendenzen. So bemerkt Ivan Krastev: „Markt und Internet haben sich als mächtige Kräfte erwiesen, die zwar die Wahlmöglichkeiten des Einzelnen erweitern, zugleich aber den sozialen Zusammenhalt westlicher Gesellschaften haben erodieren lassen, weil sowohl der Markt als auch das Internet den

Hang des Einzelnen verstärken, seinen natürlichen Präferenzen zu folgen, zum Beispiel der, lieber mit Menschen seines eigenen Schlags zusammen zu sein und sich von Fremden fernzuhalten.“[1] Das Internet stärkt generell Parallelgesellschaften, indem es Gruppenbildung über große Distanzen ermöglicht, gleichgültig ob bei Islamisten oder Populisten. Rings um letztere bestehen längst abgeschottete Kreise, also Parallelgesellschaften, die in einer eigenen Welt leben, die sich nicht nur auf obskurantistische Welterklärungen stützt, die gezielt und vorsätzlich mit Diffamierungen arbeitet, um ihre Klientel anzufeuern. So schreibt David Van Reybrouck: „Facebook errichtet unsichtbare Mauern zwischen uns; Google beliefert die jeweiligen Seiten dieser Mauern mit ungeprüftem Content.“[2] Um Bildung geht es dabei gerade nicht, sowenig wie um Humanität, sondern um die Verbreitung von primitiven Ideologemen, die bei manchen daher um so besser ankommen. Aber das war mit dem Buchdruck auch nicht anders, ohne den die moderne Gesellschaft undenkbar wäre, wurden in den ersten Jahrhunderten seit dem Buchdruck vor allem religiöse Bücher gedruckt, die sicher auch bewirkten, dass die Aufklärung sich nicht so schnell verbreiten konnte. So stößt die Zivilgesellschaft heute auf ähnliche Widerstände, allerdings mit sehr veränderten Vorzeichen.

Verschwörungstheorien und apokalyptischen Prophezeiungen fördern im Internet gerade keine Bildung. In den entsprechenden Kreisen werden die Zeitgenossen mit Botschaften versorgt, die sie geradezu davon abhalten, sich weiter zu informieren geschweige denn sich zu bilden. Nationalistische wie islamistische Kreise haben keinen Bildungsanspruch im Sinn einer gelassenen, selbstre-

---

[1] Ivan Krastev, Auf dem Weg in die Mehrheitsdiktatur? in: Heinrich Geiselberger (Hrsg.), Die große Regression, Berlin 2017, 123

[2] David Van Reybrouck, Lieber Präsident Juncker; in: ebd., 283

flexiven, epistemologisch kritischen oder gar sprachphilosophisch genealogischen Haltung, wollen jene höchstens über ihre Medien bestimmte Dogmen verbreiten. Denn Bildung zielt in diesen Kreisen auf Indoktrination, die ihre letzte Konsequenz im Kriegsdienst als sogenanntem Dienst am Vaterland findet – oder zur Zeit den rechten Terrorismus befördert – oder im Dschihad.

Die Informationstechnologien verändern das Wirklichkeitsverständnis nachhaltig. Denn im Netz ist die Wirklichkeit beinahe beliebig formbar. Metaphysische Lehren ließen sich auch früher verbreiten. Das Internet erlaubt aber eine viel schnellere Reaktion und Kommentierung, so dass die Rezipienten viel nachhaltiger an ein Dogma angeschlossen werden können, noch dazu wenn die Anhänger über Smartphone ständig erreichbar, fütterbar und kontrollierbar sind. Der Untertan informiert sich im Netz nur auf bestimmten Webseiten. Das muss wiederum auch nicht verwundern, bringen die Amish People ihren Kindern auch nur die Bibel bei. Sekten mussten ihre Anhänger bisher möglichst isolieren. Heute reicht dazu das Smartphone. Allem, was der Ideologie zu widersprechen scheint, kann sofort überall begegnet werden. Daher wird es Aufklärung im Zeitalter des Internet schwerer haben, auch wenn sich das meiste durch das Internet genauso schnell korrigieren ließe.

Diese Beispiele demonstrieren, dass Wirklichkeit nichts Äußeres ist, sondern sich den Informations- und Bildungsstrukturen verdankt, in denen sich im Bewusstsein der Rezipienten die Wirklichkeit durch permanente schnelle Wiederholung generiert. Gebete werden auch ständig wiederholt. Zum Nachdenken regt das Internet so wenig an wie das Gebet. Die Nazis bedienten sich der neuen Medien Radio und Film sehr erfolgreich, weil die Bevölkerung den Umgang damit noch nicht gewöhnt war. Ähnliches könnte man für diskriminierende Gruppen und Bestrebungen heute bemerken, die die Naivität vieler

Zeitgenossen nützen, die zwar längst mit dem Internet umgehen, sich von diesem aber in seinen Bann schlagen lassen. Der Propagandaminister war vorsichtiger als IS und Populisten. Falschmeldungen, also Propaganda sollte man nicht als solche erkennen dürfen und dem deutschen Film sollte man die Nazi-Propaganda nicht ansehen. Noch ist bei vielen Zeitgenossen nicht angekommen, dass Rechner noch viel geduldiger als Papiere sind: Die bewegten Bilder können überzeugender lügen als die unbebilderte Schrift, die aber in der Renaissance zunehmend bebildert wurde. So ersetzen Bilder damals wie heute das Lesen und somit die Bildung. Die Boulevard-Zeitung vom niedrigsten Niveau trägt nicht umsonst den Namen εἰκών, das nicht bildet, sondern einbildet, ohne dass der Rezipient der eigenen Einbildungskraft bedürfte.

Medienbildung heißt daher nicht, sich nur in den Umgang medialer Technologien einzuüben. Vielmehr geht es in einer Medienbildung als politischer Bildung darum zu verstehen, wie sich medial die politische genauso wie die soziale Wirklichkeit generieren. In der medialen Welt dominiert das Bild, obgleich man es piktographisch auch als eine Form der Schrift interpretieren kann. Allemal aber wirkt das mediale Bild anders auf den Betrachter als die phonetische Schrift. So schreibt Lambert Wiesing: „Unabhängig davon, ob das Bildobjekt als Schein, als Nichts, als Phantom, virtueller Gegenstand, imaginärer Gegenstand, als reine Sichtbarkeit oder falsche Einheit beschrieben wird, in jedem Fall wird – und das zeichnet das Denken in diesem Paradigma aus – der Sonderstatus der Bildwahrnehmung dadurch beschrieben, dass dem Objekt der Bildwahrnehmung keine reale, sondern eine artifizielle, physikfreie Präsenz zugesprochen wird.“[1] Just das wird regelmäßig nicht thematisiert, nicht das Medi-

[1] Lambert Wiesing, Das Mich der Wahrnehmung – eine Autopsie, Frankfurt/M. 2009, 205

um selbst, das sich nicht einfach als Mittel anbietet, sondern das seinen Nutzer zwingt, sich ihm anzupassen bis in die Körperhaltung hinein, der sich ständig bewegende Daumen auf dem Touchscreen, der den Geist daran anschließt, ihn zum Daumen macht. Selbstredend hat das die Medientheorie verstanden. Für Theo Hug „zeichnet sich ein paradigmatischer Wandel in der Medientheorie ab. Dass unsere Lebenswelten Medienwelten geworden sind, wird kaum noch ernsthaft in Zweifel gezogen – zu selbstverständlich ist der Gebrauch von Kommunikationsmitteln (Bsp. Schrift), Geräten (Bsp. Radio) und Techniken (Bsp. Bildbearbeitung) geworden, zu allgegenwärtig sind die verschiedenen Medienangebote und zu gewichtig die Einflüsse der Medieninstitutionen. (. . .) Die konsequente Trennung von medialisierten und nicht-medialisierten Denk- und Handlungsspielräumen ist problematisch geworden. Medialität ist keine optionelle Dimension, die zur Bestimmung von Erziehung, Bildung, Sozialisation, Kommunikation, Gesellschaft und Kultur quasi hinzukommen kann oder auch nicht, sie bezeichnet vielmehr die unausweichliche Verfasstheit dieser Bereiche."[1]

Derart geben die Internetmedien einen neuen Rahmen vor, innerhalb dessen sich die alten pädagogisch politischen Fragen nach Bildung, Erziehung wie Selbstbildung erweitern. Zweifellos reicht weder eine humanistisch kulturelle Bildung der Persönlichkeit, noch eine kritische, die sozialökonomische Zusammenhänge eruiert und auf eine universalistische Allgemeinbildung abzielt. Vielmehr ist eine genealogische Infragestellung der informatisierten Verständnisformen von politischer Reali-

[1] Theo Hug, Phantome gibt's wirklich – oder? Konzeptionelle Gesprächsangebote zu einem vielgestaltigen Phänomenbereich; in: Ders., Hans-Jörg Walter (Hrsg.), Phantom Wirklichkeit – Pädagogik der Gegenwart, Hohengehren 2002, 36

tät vonnöten. Es geht darum, die vorherrschenden Logiken zu konterkarieren, um nicht den herrschenden Verständnisformen aufzusitzen, um dadurch zu eigenen Perspektiven zu gelangen, und zwar zu möglichst vielen unterschiedlichen. Objektivität, der sich die Bürgerin durchaus anzunähern vermag, besteht aus mehreren Interpretationen eines Sachverhaltes, nicht aus einer einzelnen. Das ist der Sinn von Nietzsches Genealogie, die auf einen einfachen Begriff gebracht, verlangt, eine Angelegenheit aus ihrem Gegenteil her zu verstehen.

Medienbildung wie politische Bildung in der Zivilgesellschaft, die auf pluralistische Involution abzielen und die nur in einer entwickelten Demokratie nachhaltig möglich sind, müssen im Internetzeitalter, wenn sich die Wirklichkeit im Netz aufbaut, auf genealogische Analysetechniken zurückgreifen, um zu einer individualisierten Bildung, zu einem Selbstdenken zu gelangen, das sich ideologischer, ökonomischer oder religiöser Bevormundung und Unterordnung unter ein Ordnungsdenken entzieht und das sich jeder Einheits- bzw. Totalitätsbestrebung widersetzt. Genealogisch nähert sich die Bürgerin der Realität nicht reduktionistisch an, sondern versucht ihrer Komplexität gerecht zu werden. Eine Orientierung an einer Gruppe neigt dazu, diese zu totalisieren. Eine Orientierung am Individuum muss von vornherein andere anerkennen und tendiert daher eher dazu, dem unübersichtlichen Pluralismus nicht auszuweichen. Derart verbindet sich eine Selbstbildung mit einem ethischen Anspruch der Unparteilichkeit und des Verstehens.

Vor einem halben Jahrhundert hat man zu einem kritischen Denken Marx gelesen und hatte dann häufig revolutionäre und gar nicht involutive Intentionen, wiewohl allein letztere langfristige Konsequenzen nach sich zogen – man denke an die diversen gewerkschaftlichen Kämpfe, um die Lage der Arbeitenden zu verbessern, gerade nicht um alle sozialen Verhältnisse umzustürzen, wie es Marx erhoffte und prognostiziert hatte.

Heute beschäftigt man sich mit allem Möglichen, entweder mit konkreten Problemen wie der Umwelt, Migration, Armut und diversen Emanzipationsbestrebungen, oder mit strukturellen, letztlich philosophischen Horizontverschiebungen weg von essentialistischen Einheitsvorstellungen hin zu einem Denken in Ereignissen, in Differenzen. Dazu bedient man sich beispielsweise der Sprachphilosophie, der Medientheorien, der Hermeneutik, Dekonstruktion, auch und nicht zuletzt der Kunst und Literatur, wie es Richard Rorty empfohlen hat. Er zitiert dazu John Dewey: „Die moralischen Propheten der Menschheit sind immer Dichter gewesen, auch wenn sie in freien Reimen oder Parabeln sprachen.“[1] Wer Involution will, der muss sich dementsprechend selbst bilden, um selber Denken und Urteilen zu lernen: manchmal mühsam, manchmal vergnüglich – man lese nur Umberto Ecos *Der Name der Rose*. So geht es denn auch Arendt „um das urteilende Begutachten und Bereden der gemeinsamen Welt und die Entscheidung darüber, wie sie weiterhin aussehen und auf welche Art und Weise in ihr gehandelt werden soll“[2]. Denn anders lässt sich ein involutiver Diskurs nicht auf den Weg bringen.

Ansonsten gerät man leicht auf die schiefe Bahn einer festen Ordnung und Leitkultur, was in diskriminierende Tendenzen abzugleiten droht. Gar je stärker an einer sozialen Ordnung festgehalten wird, umso weniger realisieren sich gemeinhin involutive Ansprüche, die ja eine solche Ordnung verändern. Je mehr es der Ordnung um sie selbst geht, je mehr sie sich zum Selbstzweck erhebt

[1] John Dewey, Kunst als Erfahrung (1934), Frankfurt/M. 1980, 401

[2] Hannah Arendt, Kultur und Politik (1958); in: dies., Zwischen Vergangenheit und Zukunft – Übungen im politischen Denken I, 2. Aufl. München 2000, 300

und eine Leitkultur propagiert, umso mehr wiedersetzt sie sich involutiven Prozessen. Das entspricht in etwa der gelenkten Gesellschaft, die für Rorty dann besteht, „(. .) wenn bestimmte Themen und bestimmte Sprachspiele tabu wären – wenn es in einer Gesellschaft allgemeine Übereinstimmung darüber gäbe, dass bestimmte Fragen *immer* angemessen, bestimmte Fragen vorrangig vor bestimmten anderen, eine feststehende Ordnung der Diskussion vorhanden und Seitwärtsbewegungen unerlaubt wären. Das wäre (. . .) eine Gesellschaft, in der die ‚Logik' herrschte und die ‚Rhetorik' geächtet wäre."[1] Das ist nicht nur die von Populisten gelenkte Demokratie, sondern auch eine repräsentative, wie sie sich weite Teile der analytischen Philosophie vorstellen. Wenn jemand den Populisten den Weg geebnet hat, dann nicht die postmodernen Philosophen, wie es Früchtl glaubt, weil diese jede Wahrheit hinterfragen, sondern die analytische Philosophie, die feste Wahrheiten behauptet, was sie aber nicht einzulösen vermag. So können auch andere mit neuen Wahrheiten aufkreuzen. Und Leute wie Apel möchten die Gesellschaft von den Weisen gelenkt sehen, die von den selbstgebildeten Europäerinnen nicht gestört werden dürfen, die Anteil an der Politik beanspruchen.

Einer Revolution geht es gemeinhin nicht anders, verwirklicht auch sie keine involutiven Ansprüche – höchstens an ihr beteiligte gemäßigte Gruppen (die Girondisten, die Menschewiki, die Säkularen in der Arabellion), die von den Radikalen gemeinhin ausgrenzt werden –, geht es in der Revolution wie in einer polizeilichen politischen Ordnung ja prinzipiell darum, dass sich daran möglichst viele Zeitgenossen nicht aktiv, sondern bloß passiv beteiligen: die sogenannten Massen, die unselbständig ihren Führern folgen. Masse und Volk machen

---

[1] Richard Rorty, Kontingenz, Ironie und Solidarität (1989), Frankfurt/M. 1992, 96

gerade keine Politik, bleiben noch als Proletariat immer ausgeschlossen, können sie sich gar nicht anders denn als Herde benehmen, die animiert, gelenkt und gerade nicht repräsentiert werden. Das gilt umso mehr für jede populistische und nationalistische Bewegung, die ja zu einer alten festen Ordnung zurückkehren will, die weiß, was richtig und was falsch ist und dementsprechend aus- und eingrenzt.

Herden wie Massen haben jedenfalls keine differenzierte Sprache, sondern drücken nur Lust und Leid aus – man denke an die Zuschauer eines Fußballspiels oder die Besucher eines Bierzeltes auf dem Münchner Oktoberfest. Dementsprechend werden die Massen wie das Volk zum Dienst – welchem auch immer – höchstens ausgebildet, nicht aber gebildet, bilden sie sich vor allem nicht selbst, fehlt ihnen dazu die Sprache, die nur Individuen sprechen und die daher die Frage der Gerechtigkeit zu stellen vermögen, was den Massen unmöglich ist. Jetzt wird mir van Reybrouck doch vorhalten: „Wer Leute wie Trump, Farage und Johnson Deppen und Lügner schimpft, die Wut und Ängste ihrer Wähler aber nicht ernst nimmt, gießt Öl ins Feuer.“[1] Doch die Masse besitzt weder ein Ethos noch einen Eros, sowenig wie ihre Anführer – man muss ja nur auf den langjährigen Nazi-Kanzler verweisen und auf Leni Riefenstahls Film *Triumpf des Willens* (Nazi-Deutschland 1935). Öl ins Feuer gegossen haben just jene, die die Aggressivität von Anhängern des Populismus als gerechtfertigt verstehen. Erstens lässt sich diskriminierende Politik nicht rechtfertigen und zweitens geht es den meisten ihrer Anhänger gar nicht schlecht. Der Rechtspopulismus vertritt nicht die Armen, schon gar nicht die ganz Armen, damit kokettiert er nur wie die Nazis. Um die Armen haben sich erfolg-

[1] David Van Reybrouck, Lieber Präsident Juncker, in: Heinrich Geiselberger (Hrsg.), Die große Regression, Berlin 2017, 286

reich im letzten Jahrhundert am ehesten Sozialdemokraten gekümmert.

Aus der Anerkennung der Unterschiede zwischen den Zeitgenossen ergibt sich die Fähigkeit, die Frage der Gerechtigkeit zu stellen. Sie hängt, wie es bereits Aristoteles bemerkte, von der Sprache ab, unterscheidet sich die menschliche Sprache dahingehend von tierischen Lauten, die nur Lust und Schmerz signalisieren – eben die der Masse, die Kommunisten und Faschisten beschworen. So heißt es an der berühmten Stelle: „Der Mensch ist aber das einzige Lebewesen, das Sprache besitzt. Die Stimme zeigt Schmerz und Lust an und ist darum auch den andern Lebewesen eigen (denn bis zu diesem Punkt ist ihre Natur gelangt, dass sie Schmerz und Lust wahrnehmen und dies einander anzeigen können); die Sprache dagegen dient dazu, das Nützliche und das Schädliche mitzuteilen und so auch das Gerechte und Ungerechte."[1] Und ohne diese Frage, also ohne eine differenzierte Sprache, gibt es keine Politik, die andernfalls nur polizeiliche oder militärische Technik der auf Gewalt beruhenden Lenkung von Horden wäre oder der wüste oder gewaltsame Protest dagegen, der in nichts anderes zurückführt. Die Politik beginnt in Athen und nicht im pharaonischen Ägypten, auch nicht in Mesopotamien, auch nicht im Hirtenstall des alten Orients. Nicht die Christen so wenig wie die Juden waren ihre Erfinder, sondern Demokratien in Griechenland und das republikanische Rom, das sich ja subkutan noch bis in die späte Kaiserzeit hineinzog, bis die Christen die religiöse Toleranz Roms zerstörten.

Die Politik verdankt just der Sprache als originärem Medium, die diese Frage zu stellen erlaubt – ein weiteres Indiz dafür, dass die Politik im Sinne von Nietzsche und Arendt mit der Kommunikation und nicht mit der Gewalt beginnt, frühestens, nachdem Gewalt durch Gewalt oder

---

[1] Aristoteles, Politik, München 1973, 1253 a 9-18, 49

sogar durch Übereinkunft eingeschränkt wurde. „Die Polis war die Antwort auf Erfahrungen,“ schreibt Arendt, „die vor ihrer Entstehung gemacht worden waren, und sie beruhte von Anfang bis Ende auf der Grundüberzeugung, dass menschliches Zusammenleben nur darum und in dem Maße sinnvoll ist, als es in einem ‚Teilnehmen und Mitteilen von Worten und Taten‘ besteht.“[1]

Eros und Ethos entfalten Individuen, die sich um Involution bemühen, die kommunizieren und auf Begegnungen aus sind – die sich selbst stylen und Menschen mit anderen Haut- und Haarfarben als erotisch empfinden, beispielsweise den leicht rothaarigen sommersprossigen Brexitfan – und die auf diese Weise Zivilgesellschaften entstehen lassen, die sich, wenn nicht in eine Weltgemeinschaft, so doch in eine europäische einbetten, weil ihnen der Rahmen eines Landes längst zu eng geworden ist. Welche Europäerin würde denn noch gerne Deutsche sein. Frankreich hat da einfach noch mehr Eros. Es gibt ja eine Deutsche und keine Deutschin. Letzteres könnte mit der Französin vielleicht ästhetisch konkurrieren. So muss es wohl die Bürgerin bleiben und die Deutsche schafft sich ab.

So ist Bildung zu einer politischen Teilhabe nötig, verdankt sich Politik seit ihren Anfängen im antiken Griechenland immer medialen Kompetenzen, der Sprache, der Schrift, später den Massenmedien, heute der Informatisierung. Politik beruht auf diesen Medien und damit gleichermaßen auf Bildung selbstredend in einem weiteren Sinn, längst nicht nur als politische Bildung, die im Grunde primär aus diversen medialen Kompetenzen besteht, z.B. Rhetorik, ohne die die einzelne an den politischen und sozialen Diskursen nicht aktiv teilnehmen kann – Analphabeten können keine Politik machen,

[1] Hannah Arendt, Vita activa oder vom tätigen Leben (1958), 11. Aufl. München 1999, 246

höchstens gewaltsamen Widerstand leisten. Die Europäerin braucht kommunikative Kompetenzen, mit denen man sich an den Diskursen in Wirtschaft, Wissenschaft und Massenmedien beteiligen kann.

Führende Politiker entstammen zumeist den Eliten. Sie besuchen denn auch häufig die Eliteuniversitäten, die den Weg in einflussreiche Positionen in Politik, Wirtschaft und Gesellschaft ebnen. Mitglieder anderer Schichten haben es bei ihren Bildungsgängen regelmäßig mehr als nur erheblich schwerer. Die Begabten und Fleißigen unter ihnen schaffen gelegentlich mit geschickter Unterwürfigkeit den sozialen Aufstieg – man könnte beinahe meinen, Platons Metallgleichnis würde bestätigt, beschreibt dieser Mythos eine Sachlage, wie sie sich heute weiterhin präsentiert – man denke an die Rede von Anlagen oder etwas moderner von genetischer Disposition.

Ohne Kommunikation, somit ohne Bildung ist Politik nicht möglich, wäre Politik Krieg in welcher Form auch immer. Das hallt ironischerweise sogar noch bei Carl Schmitts Ausnahmezustand nach, wenn dieser ja den Rechtszustand wiederherstellen soll. Anders, als es die Nazis betrieben, will Schmitt den Ausnahmezustand nicht auf Dauer schalten. Freilich wiederum anders, als er unterstellte, findet im Ausnahmezustand gerade keine Politik statt, sondern nur in rechtlich ausdifferenzierten Verhältnissen, die der Ausnahmezustand eben wiederherstellen soll und die Hegel ja als die Bedingung des Fortschritts begreift. Dass nach Walter Benjamin wie nach Jacques Derrida am Anfang die Gewalt das Recht konstituiert, ändert daran wenig, musste allemal ein Gewaltzustand beendet werden, ob durch die rechtsetzende Gewalt im Sinn von Benjamin, der dabei perspektivisch auf die Revolution hofft; oder mit Nietzsche durch Verhandlungen zweier etwa gleich starker Mächte, die sich gegenseitig nicht besiegen konnten. So schreibt er in *Menschliches Allzumenschliches* zwischen 1876 und

1880: „Die Gerechtigkeit (Billigkeit) nimmt ihren Ursprung unter ungefähr *gleich Mächtigen* (. .); wo es keine deutlich erkennbare Übergewalt gibt und ein Kampf zum erfolglosen gegenseitigen Schädigen würde, da entsteht der Gedanke sich zu verständigen und über die beiderseitigen Ansprüche zu verhandeln: der Charakter des *Tausches* ist der anfängliche Charakter der Gerechtigkeit.“[1]

Würde Politik primär aus Gewalt bestehen, dann hieße politische Bildung, sich in der Fertigkeit von Herrschaftstechniken zu trainieren, Waffen anzuwenden: Platons Stand der Wächter, aus denen ja die Herrscher hervorgehen, also Militärdiktatoren. So wurde der Kriegsdienst mal als Schule der Nation bezeichnet, um disziplinatorisch im Innern politische Ansprüche von politisch Anteillosen zu unterbinden und um nach außen Kriege führen zu können. Eine andere politische Bildung als das Militär oder die Polizei, die sich im 18. Jahrhundert umfassend um die soziale Ordnung kümmerte, kannten Herrscher von Napoleon bis zu den Nazis nicht. Letztlich aber ist genau das keine politische Bildung, sondern eine militärische Disziplinierung, eine Produktion von Untertanen, um zu verhindern, dass die Bürgerinnen Ansprüche auf Mündigkeit und Menschenrechte durchsetzen, so dass sich eine lebendige Zivilgesellschaft mit einem neuen Ethos entwickelt, deren Bühne immer über den Nationalstaat hinausreicht. Warum konnte sich Machiavelli mit seinem Vorschlag, statt Söldnertruppen eine Bürger-Miliz zu gründen, in Florenz nicht durchsetzen? Weil die herrschenden Patrizier davor Angst hatten, dass die dann bewaffneten Mittelschichten die Patrizier abservieren. Es daucrtc noch ein paar Jahrhunderte, bis

[1] Friedrich Nietzsche, Menschliches Allzumenschliches (1876-80), Kritische Studienausgabe (KSA) Bd. 2, München, Berlin, New York 1999, 89

man diese Schichten so diszipliniert hatte, dass man aus ihnen gefahrlos Volksheere formen konnte.

Solche Untertanen dienen wie technische Gerätschaften jedwedem Herren: der Legionär oder Söldner. Sie begehen jedwede Gräuel, die man ihnen befiehlt – womit ich keinesfalls ausschließen will, dass auch an sich verantwortungsvolle Bürgerinnen Verbrechen begehen können. Das Schlimmste ist indes, dass der Untertan treu zum Regime – zu jedem Regime – steht, obgleich dessen Verbrechen offensichtlich sind. Verantwortungslos hasst der Untertan dagegen jene, die ihrer Verantwortung gerecht zu werden versuchen – so die bundesrepublikanischen Populisten die Grünen oder wie Carl Schmitt die Verbindung von Politik und Moral zurückweist. Weit davon entfernt, dass dieser Typ des gehorsamen Dieners ausgestorben wäre, den schon Adorno beschrieben hat, hallt vor allem heute davon etwas in der Parole wider, dass man bestimmte Dinge wohl mal sagen dürfte, unterscheidet Arendts Typus *Eichmann in Jerusalem* Populisten von der Zivilgesellschaft. So schreibt Arendt: „Ich erwähnte den totalen Zusammenbruch moralischer und religiöser Normen unter Leuten, die allem Anschein nach immer an sie geglaubt hatten, und ich habe auch die unleugbare Tatsache angeführt, dass die Wenigen, denen es gelang, nicht in den Wirbel hineingezogen zu werden, keineswegs die ‚Moralisten' waren, also Leute, die schon immer Regeln des richtigen Verhaltens hochgehalten hatten, sondern im Gegenteil sehr oft jene, die schon vor dem Debakel sowieso von der objektiven Nicht-Gültigkeit dieser Normen als solcher überzeugt gewesen waren."[1] Über diverse rechtsradikale Gruppen braucht man in diesem Zusammenhang nicht extra zu reden. Wenn Minderheiten diffamiert, diskriminiert und angegriffen werden, dann hat das weder mit der Zivilgesellschaft, noch

[1] Hannah Arendt, Über das Böse (1965/6, 2003), München 2006, 139

mit der mündigen Bürgerin und auch nichts mit Meinungsfreiheit zu tun. Heute dürfte es wahrscheinlich mehr mündige und verantwortliche Bürgerinnen geben als in der ersten Hälfte des 20. Jahrhunderts, die sich zu jener Zeit allein im Widerstand gegen Faschismus und Nationalsozialismus fanden. Die anderen wollten ja keine Verantwortung übernehmen.

So erscheint für Arendt Politik als Kommunikation in der Öffentlichkeit, die durch jede Form des Terrors ausgeschlossen bzw. zerstört wird, die nur dann möglich ist, wenn die Unterschiede zwischen den Menschen betont und nicht eingeebnet werden. In ihrem Opus Magnum bemerkt Arendt 1951: „Dem Terror gelingt es, Menschen so zu organisieren, als gäbe es sie gar nicht im Plural, sondern nur im Singular, als gäbe es nur einen gigantischen Menschen auf der Erde, dessen Bewegungen in den Marsch eines automatisch notwendigen Natur- oder Geschichtsprozesses mit absoluter Sicherheit und Berechenbarkeit einfallen.“[1] Im Schutz der Mauern von Athen kommunizieren die Bürger, ohne dass Gewalt dabei im Vordergrund steht. Die Polis, die Sokrates verurteilte, hatte sich von diesem Geist bereits abgewandt und die äußere Verrohung im Peloponnesischen Krieg schwappte ins Innere der Demokratie – ähnlich wie nach dem ersten Weltkrieg. Wenn die Demokratie ihren Prinzipien untreu wird, dann kann sie sich von den Tyranneien nicht mehr unterscheiden: Wenn Kommunikation nicht mehr ihr Prinzip ist, dann entfaltet sie auch nicht mehr als eine polizeiliche Ordnung.

Politische wie ethische Beziehungen – jedenfalls jenseits vornehmlich christlicher Mitleidsethiken – setzen schon bei Aristoteles eine gewisse Ebenbürtigkeit voraus, eine ähnlich entwickelte kommunikative Kompetenz zwi-

---

[1] Hannah Arendt, Elemente und Ursprünge totaler Herrschaft (1951), 9. Aufl. München 2003, 958

schen den sich Begegnenden, also ein gewisses Maß an Bildung, die den Athener Bürgern eignete, nicht den Frauen, den Sklaven,– ohne entsprechende Sprachkompetenz – oder den Fremden, die womöglich obendrein eine andere Sprache sprechen, die der Barbaren. Um Demokrat zu sein, musste man Griechisch sprechen.

Um stabile politische Verhältnisse zu schaffen, bedarf es neben der Sprache vor allem der Schrift, die die Sprache vereinheitlicht, die Erinnerung verstärkt und Regeln des Umgangs genauso festhält, wie sie Geschehnisse dokumentiert, was ein gemeinsames Bewusstsein ermöglicht – mag die Mnemotechnik nach Nietzsche auch auf einem System von Grausamkeiten beruhen, kann man die gewalttätige Vorgeschichte der Kultur nun mal nicht ungeschehen machen, auch nicht in den rechtlichen Verhältnissen. Durch die Schrift entwickeln sich diese erst, ohne die Politik höchstens sehr eingeschränkt möglich wäre.

In der griechischen Antike verbreitet sich die phonetische Buchstabenschrift, die den abendländischen Schriften den Weg weisen wird. Für Aristoteles ist die Schrift vom Sinn weiter entfernt als das gesprochene Wort, das für ihn den unmittelbaren Ausdruck der Seele darstellt. Mag es in den Anfängen der Polis auch Fragen der Gerechtigkeit gegeben haben. Doch in der Schrift liegt wie in Ödipus‘ Fußspur nicht nur eine stiftende Gewalt, sondern zugleich auch deren Verschleierung verborgen. Es sieht so aus, als gründet sich die Polis auf die Sprache, beinahe harmlos auf Gerechtigkeitsfragen. Doch wahrscheinlich liegt das Fundament der Polis in der Schrift, durch die erst die Sprache entsteht bzw. sich stabilisiert und ausdifferenziert. So bemerkt Bernward Hoffmann: „Durch Verschriftlichung wird gesprochene Sprache standardisiert.

Schrift verstärkt kulturelle Identität, (. . .).“[1] So erlaubt erst die Schrift, die Fragen der Gerechtigkeit zu stellen.

1967 überrascht Jacques Derrida mit der These: „Die Schrift ist die Verstellung der natürlichen und ersten und unmittelbaren Präsenz von Sinn und Seele im Logos. Als Unbewusstes bemächtigt sie sich der Seele. Diese Tradition zu dekonstruieren kann jedoch nicht darin bestehen, sie umzukehren, die Schrift von Schuld reinzuwaschen; sondern vielmehr darin, zu zeigen, warum die Gewalt der Schrift nicht eine unschuldige Sprache überkommt. Es kann eine ursprüngliche Gewalt der Schrift nur geben, weil die Sprache anfänglich Schrift (. . .) ist, (. . .).“[2] Der Logos liegt in der Schrift und nicht im gesprochenen Wort, das subjektiv, zufällig, vielleicht beseelend verhallt. Der Sinn konzentriert sich nur durch Aufschreibung. Aber das bleibt lange unbewusst und stört das Bewusstsein durch Einschreibungen: der Sinn liegt immer woanders. Mögen die römischen Plebejer sprechen können, der Schrift waren sie nicht mächtig, so dass sie sich in der Tat keine richtigen Namen geben konnten, Namen, die eindeutig waren, die eingeschrieben waren in das Gedächtnis der Polis. Denn die Schrift war das Vorrecht der Gebildeten, der Patrizier, im antiken Ägypten der Schreiber. Durch die Schrift entsteht eine Macht, die sich der Einschreibung und somit der Gewalt verdankt, durch die die politische Ordnung stabilisiert wird, indem sie diese fremden Eingriffen entzieht – beispielsweise durch die Sklaven, die Plebejer oder die Fremden. Sprechen lernen ist vergleichsweise einfach, Schreiben ist schwierig und über Jahrtausende das Privileg der regierenden Kasten. Schreiben fixicrt nicht nur, sondern schließt vor allem aus dem politischen Diskurs aus oder ein. So bemerkt

---

[1] Bernward Hoffmann, Medienpädagogik – Eine Einführung in Theorie und Praxis, Paderborn 2003, 95

[2] Jacques Derrida, Grammatologie (1967), Frankfurt/M. 1983, 66

Hoffmann weiter: „Schrift (. . .) hat aber auch sozial differenzierende Wirkung: nicht Schriftkundige werden deklassiert.“[1] Kinder, deren Eltern in ein Land mit einer ihnen fremden Sprache einwanderten, sprechen diese häufig sehr gut, haben aber gelegentlich noch ein Problem mit dem schriftlichen Ausdruck: eine massive Bildungshürde, die politische und soziale Involution behindert.

Der moderne Staat braucht diese Erinnerungen, um seine eigene Identität im Bewusstsein seiner Bürger zu erhalten. Archive und Museen sind gerade in der Moderne eminent wichtig, weil diese durch eine permanente Evolution gezeichnet ist, um nicht Revolution zu sagen. Wie schreibt doch Marx 1852: „Die Tradition aller toten Geschlechter lastet wie ein Alp auf dem Gehirne der Lebenden. Und wenn sie eben damit beschäftigt scheinen, sich und die Dinge umzuwälzen, noch nicht Dagewesenes zu schaffen, gerade in solchen Epochen revolutionärer Krise beschwören sie ängstlich die Geister der Vergangenheit zu ihrem Dienste herauf, entlehnen ihnen Namen, Schlachtparole, Kostüm, um in dieser altehrwürdigen Verkleidung und mit dieser erborgten Sprache die neue Weltgeschichtsszene aufzuführen.“[2] Zunächst bedeutete Revolution wirklich Zurückdrehen, um eine goldene Vergangenheit wiederkehren zu lassen.

Der moderne Staat stützt sich auf die Schrift, längst auf das informatisierte Programm. Ohne Archive gibt es keinen Staat, auch wenn die Grundsätze und Akten nicht mehr in Stein gemeißelt sein müssen wie die Gesetze des Moses. Obgleich zwischenzeitlich in den westlichen Staaten die meisten Menschen schreiben können, so reicht das heute noch längst nicht zu politischer Teilhabe. Man

---

[1] Bernward Hoffmann, Medienpädagogik, 95

[2] Karl Marx, Der achtzehnte Brumaire des Louis Bonaparte (1852), Marx Engels Werke (MEW) Bd. 8, Berlin 1978, 115

muss gut und richtig schreiben können, was letztlich von der Anerkennung abhängt, die einem widerfährt oder verweigert wird; denn es gibt ja schließlich keinen allgemein verbindlichen Maßstab für den guten sprachlichen Ausdruck. Um am öffentlichen Diskurs, an der politischen Kommunikation aktiv teilnehmen zu können, muss man Zugang zu den Medien haben, was ohne entsprechende Bildung und deren Anerkennung durch die Etablierten nicht möglich ist. Immerhin hat das Internet für manche dabei einige neuen Türen geöffnet. Aber Politik bleibt selbstverständlich eine elitäre Angelegenheit. Das bedeutet letztlich – darauf weist Rancière hin – die Reichen herrschen über die Armen, garantiert bis heute der Reichtum die Elitenbildung und den Eintritt in die entsprechenden elitären Netzwerke.

So findet Politik indes just dort statt, wo sich die Grenzen zwischen Ein- und Ausgeschlossenen verschieben – konsequenterweise und gegen Rancières Intention, auch dort, wo Eliten bisher Eingeschlossene ausschließen – man denke an die Rundfunkgesetze der konservativen Regierung in Polen 2016. Oder eben dort, wo Ausgeschlossene ihren Einschluss erzwingen und sollte es auch nur vorübergehend sein, wenn Bürgerinitiativen ihre überschaubaren Interessen durchsetzen, wenn die Abholzung im Hambacher Forst gerichtlich gestoppt wird, auch wenn das keine letzte Entscheidung ist.

Insofern möchte ich das Schema der Involution nicht auf die große Konfrontation zwischen Arm und Reich beschränken, auf den Kampf um soziale Gleichheit. Politik findet auch dort statt, wo ein Ausschluss vielleicht sogar nur vorübergehend durchbrochen wird: Es gibt nicht nur die große Politik, die anders, als Nietzsche es meinte, nicht Weltpolitik ist, sondern Sozialpolitik, heute auf der europäischen Ebene. Aber es gibt auch die vielleicht viel wichtigeren kleinen Politiken, die überall dort stattfinden, wo sich die Zivilgesellschaft bottom-up engagiert und zwar strukturell ebenfalls vor dem europäischen, nicht dem nationalen oder gar regionalen Hintergrund. Letzterer findet durchaus große Beachtung, ist aber immer in einen weiteren Horizont eingebunden. Auch hier zeigt sich umso mehr, welche entscheidende Rolle dabei die Bildung spielt – dort, wo es um die Verhinderung von Ausschlüssen geht. Politik in einem solchen Sinn ist Involution, wozu Bildung notwendig ist, im Kern vor allem Medienbildung und handelt es sich auch nur um Sprache und Schrift. Angesichts des Populismus besteht heute einer der neuen Konflikte zwischen der gebildeten Europäerin und dem sprachlosen Untertan, nicht weil dieser nicht sprechen könnte, sondern weil er zulässt, dass das Wort von den Führern ergriffen wird.

DAS PRINZIP DER ANTEILHABE ANSTATT SOZIALER GLEICHHEIT: ÜBER RANCIÈRE HINAUS

Wenn Politik als Kommunikation in der Öffentlichkeit auf Sprache und Schrift beruht, ohne diese nicht existiert und die heute informatisiert verfasst sind, dann wird sie originär medial konstituiert; denn für einen erweiterten, kulturphänomenologischen Medienbegriff gehören zu den Medien auch Sprache und Schrift. Doch das sind natürlich noch keine modernen Massenmedien, war in der Antike wie im Mittelalter nur eine kleine Schar von Gebildeten schriftkundig, die denn auch über einen ausdifferenzierteren Umgang mit der gesprochenen Sprache verfügten als das andere Volk, Frauen, gar Sklaven. Letztere verstehen für Aristoteles zwar die Sprache, aber sie verfügen nicht über sie: „Von Natur ist also jener ein Sklave, (. . .) der so weit an der Vernunft teilhat, dass er sie annimmt, aber nicht selbständig besitzt.“[1] Insofern unterscheiden sich Sklaven nach Aristoteles kaum von den Nutztieren. Damit ontologisiert Aristoteles diesen Zustand. Empirisch betrachtet kann man sicher diagnostizieren, dass die Ungebildeten einen kleinen Wortschatz sowie eine schlechte Aussprache haben, komplexere Sätze nur schwer verstehen und natürlich nur über ein geringes Wissen von sozialen und politischen Zusammenhänge verfügen. Sie müssen ihre Führer für sich sprechen las-

[1] Aristoteles, Politik, München 1973, 1254 b 20-25, 53

sen. Die Arbeiter wollten das im 19. Jahrhundert durch Arbeiterbildungsvereine kompensieren, die Nazis machten daraus eine Tugend, die Aggression gegenüber Gebildeteren auslöst. Dann können die bundesrepublikanischen Populisten die Grünen als Nischenpartei bezeichnen, während die Poulisten das Volk vertreten, das sich selber nicht artikulieren kann. Ergo ist zur Politik schlicht Bildung nötig, sonst muss man sich bevormunden lassen. Dabei gibt es auch Bildung, die einen ausschließlich technischen Sinn entwickelt, nämlich als Ausbildung, und die womöglich gerade nicht dazu befähigen soll, an der Politik zu partizipieren, sondern nur seine Rolle in seiner sozialen Schicht auszufüllen, wie es sich bereits Platon vorstellt und es die Konservativen im 20. Jahrhundert patriarchalisch organisierten, was die Populisten wieder einführen möchten.

In der *Politeia* schildert Platon den unterschiedlichen Bildungsgang der verschiedenen Schichten von arbeitendem Volk, den Wächtern und den herrschenden Philosophen. Im Zentrum seines Politikverständnisses steht folglich die Bildung. So beruht Politik schon bei Platon durchgängig auf Bildung, die sich heute gleichermaßen als Medien- und politische Bildung präsentiert, gehören also Medien, Bildung und Politik unabdingbar zusammen, sind aber unter den drei Ständen Platons ungleich verteilt, dürfen sich die beiden unteren Stände denn auch gar nicht in die Politik einmischen – was man bis heute durch politische Unbildung in Form von militärischer oder beruflicher Bildung ebenfalls häufig zu verhindern versucht.

Für Platon, die Kyniker oder moderne Platoniker wie Leo Strauss fördert diese durch Bildung und Medien verfasste Politik die Gleichheit der Zeitgenossen gerade nicht. Im Gegenteil, diese mediale Verfassung von Politik produziert eine originäre und weitreichende Ungleichheit, denn die Eliten verfügen auch heute regelmäßig über die größere Bildung und Medienkompetenz, was sie von der Bevölkerung unterscheidet, eine Struktur, die häufig als natürlich oder gar göttlich und somit als gerecht ausgegeben wird, und zwar just medial, die Wirklichkeit entsprechend so vorstellend, dass die Bevölkerung diese an sich ungerecht verteilten Einflussmöglichkeiten als gerecht akzeptiert. Wie bemerkt doch Leo Strauss unter Bezugnahme auf Aristoteles: „Das Ziel des politischen Lebens ist die Tugend, und die dazu dienlichste Ordnung ist die aristokratische Republik, (. .).“[1] Er weist auch darauf hin, dass Machiavelli der Öffentlichkeit nicht hätte verraten dürfen, wie Fürsten handeln. Dann hat Bildung höchstens den Sinn, die Zeitgenossen zu produktiven Mitgliedern der Gesellschaft zu formen, nicht aber zu solchen, die politisch das Wort ergreifen. Das müssen sie den gebildeten Eliten überlassen. Dem kann man aber nicht mit geführten Massen begegnen wollen, sondern nur mit der Selbstbildung der Individuen, was allemal viel nachhaltiger wirkt.

Im Sinne von Jacques Rancière schließt denn die Politik der Reichen die Armen von vornherein aus, so dass diese elitäre Politik eigentlich gar keine Politik ist. Für die Politik der Reichen ist Bildung selbst Politik – Bildung, die ungleich verteilt ist, was diese für gerecht oder natürlich ausgeben. Bildungsstrukturen und Medien dienen daher im Sinn von Rancière einer polizeilichen Ordnung, die sowohl durch Gewalt als auch durch ein entsprechend medial gebildetes Bewusstsein aufrechterhalten wird. Solche politischen Ordnungen herrschen die meiste Zeit, werden üblicherweise Ungleichheiten anerkannt oder verdrängt. Gelegentlich greift die politische Macht auch zu militärischer Gewalt, um die Ordnung zu sichern.

---

[1] Leo Strauss, What is Political Philosophy? and other Studies, New York, London 1959, 10 (eigene Übersetzung)

Denn natürlich versuchen die Armen, Anteillosen, Diskriminierten von Zeit zu Zeit und auf vielerlei Weisen sich gegen diese Anteillosigkeit bzw. Ungleichheit zu wehren. „Es sind die Alten," schreibt Rancière, „weit mehr als die Modernen, die als Prinzip der Politik den Kampf zwischen Armen und Reichen anerkannt haben. Aber genau genommen haben sie in ihm die eigentlich politische Wirklichkeit erkannt – selbst wenn sie ihn auslöschen wollten. Der Kampf zwischen Reichen und Armen ist nicht die gesellschaftliche Wirklichkeit, mit der die Politik rechnen müsste. Er ist identisch mit ihrer Einrichtung. Es gibt Politik, (. . .) wenn die natürliche Ordnung der Herrschaft unterbrochen ist durch die Einrichtung eines Anteils der Anteillosen."[1] Es gibt Politik nur dann, wenn diejenigen, die von ihr ausgeschlossen sind, an dieser zu partizipieren versuchen. Doch im Unterschied zu Rancière gibt es meiner Auffassung nach Politik nicht nur, wenn die Armen das Ganze der Politik in Frage stellen, sondern wenn Gruppen an bestimmten Problemen beteiligt werden wollen, an denen sie bisher nicht beteiligt waren. Der Ansatz von Rancière entspricht noch einem Marxschen Denken, das von der Totalität der gesellschaftlichen Verhältnisse ausgeht und als deren Kern nur das Problem der sozialen Gleichheit akzeptiert. Wenn diese aber in verschiedene Sphären und Bereiche zerfällt, findet Politik überhaupt immer in solchen Sphären, in einzelnen Bereichen, an besonderen Orten und zu bestimmten Zeiten statt.

Wenn man die These des Aristoteles, dass die Sprache befähigt, die Frage der Gerechtigkeit zu stellen, darüber hinaus medialisiert, dann wird Politik zu einer Frage der Medienkompetenz in einem weiteren als dem heute gebräuchlichen Sinn bzw. eine Frage der Bildung, um die

---

[1] Jacques Rancière, Das Unvernehmen – Politik und Philosophie (1995), Frankfurt/M. 2002, 24

sich alle bemühen müssen, die an der Politik teilhaben wollen, also schon die Bürger im 18. Jahrhundert, die weder Französisch sprechen noch höfliche bzw. höfische Manieren besitzen, die damals von Weltläufigkeit zeugen. Die Aufklärung setzt dem nicht nur den Bildungsbegriff, sondern auch Bildungsprogramme entgegen, die der Bildungsroman propagiert, der sich gleichfalls in dieser Zeit entwickelt.

Die Arbeiter werden im 19. Jahrhundert Arbeiterbildungsvereine betreiben und sich emanzipierende Frauen studieren in Frauengruppen im 20. feministische Theoriebildung – man könnte meinen nach dem Vorbild der *Kapital*-Lese-Kreise der Achtundsechziger. *Occupy* diskutierte vor einigen Jahren mittels Internet die Probleme, die man nach der Finanzkrise von 2008 für wichtig hielt – gleichfalls ein Bildungsprozess, der politische Teilhabe just dort beanspruchte, wo sich die *Occupy*-Teilnehmer ausgeschlossen sahen, hofften sie damit, die Wallstreet-Banker zumindest zum Nachdenken anzuregen, was ihnen kaum gelungen sein dürfte, denn diese denken in der Regel sowieso nicht, sondern lassen denken, wenn sie dabei auch manchmal Denker wie Trump, Bush oder Reagan erwischen, was sie kaum merken, weil sie ja nicht selber denken. Da *Occupy* Aufsehen in der Öffentlichkeit zuteilwurde, kehrte das Thema ‚soziale Gerechtigkeit' nach langer Zeit auch im zivilgesellschaftlichen Diskurs wieder.

Im Gefolge des die Schriftkundigkeit befördernden Buchdrucks heben denn auch die sogenannten Massenmedien an, also zunächst seit dem 18. Jahrhundert die Zeitung, später Radio und Fernsehen, die in der Informatisierung kulminieren. Wenn heute gegenüber der Politik von Medien in einem differenten Sinn gesprochen wird, z.B. von den Medien als vierter Gewalt oder von einer Mediokratie bzw. einer medialen Politik, dann verschleiert das nur die originäre mediale Verfasstheit von Politik.

Doch diese wird durch die Audio-, Video- und Cyber-Medien vertieft und weder abgewandelt noch in irgendeiner Weise neu konstituiert, was implizit durch den Begriff einer Mediokratie unterstellt wird: Es gäbe eine Politik jenseits der Medien und Medien auch ohne Politik – man denke an die heutige populistische Medienschelte, die vormals konsequenterweise in ein Propagandaministerium führte, was die Populisten heute natürlich nicht mehr so nennen würden.

Doch man darf nicht vergessen, dass Medienkritik zunächst von linken Theoretikern formuliert wurde. So kritisieren Max Horkheimer und Theodor Adorno in den Vierzigern nicht alleine das neue Massenmedium: „Der Schritt vom Telefon zum Radio hat die Rollen klar geschieden. Liberal ließ jenes den Teilnehmer noch die des Subjekts spielen. Demokratisch macht dieses alle gleichermaßen zu Hörern, um sie autoritär den unter sich gleichen Programmen der Stationen auszuliefern.“[1] Nach dem zweiten Weltkrieg werden Radio und Fernsehen zu staatlichen Massenmedien, die den Massen keine Stimme geben, sondern diese ihnen geradezu verweigern und dabei eine Stimme halluzinieren, die den Massen im Zuge der Boulevardisierung untergejubelt wird, ein medialer Grundzug, der sich bis heute verschärft. Die Massen haben keine Sprache, sondern drücken nun mal nur Lust und Leid auf dem Fußballplatz aus. Und ihre Vertreter avancieren zu ähnlichen Eliten wie jene der Medien. Das Ganze ist indes nicht weiter schlimm, da es Massen wie Völker nur als Hirngespinste ihrer Führer und Funktionäre gibt, wobei man einschränken muss, dass die Wirklichkeit durchgängig aus Hirngespinsten besteht. Das sollte man allerdings nicht verdrängen wie die analytische Philosophie, kann man auf Hirngespinste dann auch

---

[1] Max Horkheimer, Theodor W. Adorno, Dialektik der Aufklärung (1947), Frankfurt/M. 1971, 109

nicht mehr adäquat reagieren und wird zum Steigbügelhalter von Populisten.

Noam Chomsky erkennt in den Massenmedien vor allem einen undemokratischen Grundzug. Wer immer es sich zur Aufgabe machte, die Medien zu demokratisieren, wird daran scheitern. Jeder, der in ihnen mitarbeitet, wird sehr eilig deren interne Logik übernehmen müssen, verlöre er im anderen Fall schnell seinen Job. So erscheint Chomsky auch eher als pessimistisch über die Rolle der Medien, wenn er schreibt: „Ganz allgemein gesprochen fällt den Medien und den gebildeten Klassen die Aufgabe zu, ihren ‚gesellschaftlichen Auftrag' zu erfüllen, indem sie im Rahmen der vorherrschenden Konzeption von Demokratie ihrer staatsnotwendigen Tätigkeit nachgehen."[1] Dieses Modell, das Chomsky benutzt, lässt sich mit dem Motor vergleichen. Die Massenmedien vor dem Internet besitzen ein Zentrum und von dort aus bewegen sie die Glieder. Zweifellos formulieren sowohl Horkheimer und Adorno als auch Chomsky eine emanzipatorische Kritik, deren involutiver Anspruch allerdings durchaus zu wünschen übrig lässt. Dazu ist deren Medienkritik zu pessimistisch formuliert. Die involutionäre Veränderung passiert nicht von außen, sondern von innen. Es macht also keinen Sinn, Journalisten vorzuhalten, sie würden nur das System stabilisieren. Das sollten sie auch. Die Revolution ist vorbei und es droht schlimmstenfalls der Rechtsputsch.

Doch das entscheidende an den Medien ist weniger, dass sie im Sinn von Adorno, Horkheimer und Chomsky die Bürgerinnen lenken – das Motor-Modell – als dass sie deren Verständnis von Wirklichkeit prägen. Dadurch, dass man sich in einer medialen Welt aufhält, wenn man Medien nutzt, gerade auch wenn man sich dabei mit Poli-

---

[1] Noam Chomsky, Sprache und Politik (1988), Berlin, Mainz 1999, 108

tik beschäftigen möchte, das verändert nachhaltig das Verständnis von Realität, die wesentlich im Internetzeitalter in der Virtualität aufgeht, ohne dass man sich dessen bewusst wäre. Wie man davon ausgeht, dass der Rechner rechnet, dass die Medien informieren, doch beide unterhalten vielmehr, und zwar im doppelten Sinn des Wortes. Die mediale Fiktion erscheint als das Reale, von dem Lacan feststellt, dass es unfassbar verschwimmt. So schreibt Baudrillard: „Doch ist das Spezifische des Virtuellen, dass es ein Ereignis im Realen und gegen das Reale darstellt und alle Kategorien des Realen, des Sozialen, des Politischen, der Geschichte in Frage stellt – derart, dass all diese nur mehr virtuell auftauchen. Demnach lässt sich sagen, dass es keine Politik mit Ausnahme einer virtuellen mehr gibt (und keine Politik des Virtuellen), keine Geschichte mit Ausnahme einer virtuellen (und keine Geschichte des Virtuellen), keine Technik mit Ausnahme einer virtuellen (und keine Technik des Virtuellen).“[1]

Baudrillard erwartet zwar von der Virtualität und der Simulation keine Wunder revolutionärer Gleichheit. Doch seine Analyse entwickelt keine pessimistische Perspektive, sondern stellt eine Einsicht in die Wirkungsweise des Sozialen wie des Politischen dar. Rancière dagegen kritisiert Baudrillard, wenn er schreibt: „Die ‚Meinungsforschung‘ ist tatsächlich nicht nur die Wissenschaft, die die Meinung zum Gegenstand nimmt. Sie ist die Wissenschaft, die sich unmittelbar als Meinung verwirklicht, die Wissenschaft, die nur in diesem Vorgang der Spiegelung Sinn hat, wo eine Meinung sich im Spiegel sieht, den ihr die Wissenschaft als ihre Identität vorhält. (. . .) Die Herrschaft der ‚Simulation‘ ist also nicht der Ruin der platonischen Metaphysik und Archi-Politik. Sie ist die paradoxe Verwirklichung ihres Programms: einer von der Wissenschaft beherrschten Gemeinschaft, die jeden an

---

[1] Jean Baudrillard, Die Intelligenz des Bösen (2004), Wien 2006, 73

seinen Platz stellt mit der Meinung, die zu diesem Platz passt."[1] Eine ähnliche Diagnose wie Chomsky. In der medialen Welt der Simulation realisiert sich also Platons Modell der hierarchischen Ordnung – die von Rancière so benannte Archi-Politik – nicht zuletzt durch die Meinungsforschung, in der die einzelne gerade nicht vorkommt, in die sie nicht involviert ist, die ihr trotzdem bestimmte Plätze zuweist. In einer massenmedial konstituierten Wirklichkeit ändern sich die politischen Verhältnisse nicht von selbst. Es kommt vielmehr darauf an, inwieweit sich die Europäerinnen darum aktiv bemühen. Und die Informationstechnologie eröffnet dazu neue Möglichkeiten, an der Konstitution von Wirklichkeit zu drehen.

Ulrich Beck spricht anders als Rancière nicht nur dann von Politik, wenn die Anteillosen Ansprüche auf ihren Anteil erheben, sondern dass unter Individualisierungsbedingungen diverse Formen der Politik entstehen, die mit den gängigen Begriffen des Industriezeitalters und der Moderne nicht mehr erfasst werden können. Das nennt Beck *Subpolitik*. Just das, was er beschreibt, hat natürlich massive Konsequenzen für das Verhältnis von Bildung und Politik: „Im Zuge reflexiver Modernisierung zerfallen die Selbstverständlichkeiten auch der Industrieepoche, und das Handeln der Individuen rückt damit ins Zentrum. Was aber heißt: Es entstehen kontradiktorische Selbstverständlichkeiten, die Wahlen, Entscheidungen, Zurechnungen, Konflikte erzwingen, damit auch permanente Koordinations- und Koalitionsleistungen, und zwar in der Privatsphäre wie im Beruf, in der Politik, im Handeln innerhalb und außerhalb von Organisationen."[2] Unter den Bedingungen der Unübersichtlichkeit und der Virtualität werden nicht nur im Sinn einer polizeilichen

---

[1] Jacques Rancière, Das Unvernehmen (1995), Frankfurt/M. 2002, 115
[2] Ulrich Beck, Die Erfindung des Politischen, Frankfurt/M. 1993, 91

bzw. ökonomischen Ordnung neue Formen der Aus- und Weiterbildung nötig, geht es vielmehr darum, dass die Wirklichkeit, weil sie sich widersprüchlich präsentiert, hinterfragt wird, und zwar just damit die Bürgerinnen nicht nur Objekte der medialen Politik werden, sondern damit sie Ansprüche auf Involution überhaupt erkennen, formulieren und zu realisieren vermögen, d.h. sich selbst gemäß der eigenen Vorstellungen zu involvieren.

Wenn man indes auf der grundsätzlich medialen Konstitution von Politik insistiert, bleibt gar nichts anderes, als dass die Anteillosen mediale Teilhabe fordern, das umso mehr, wie politisch soziale Wirklichkeit als solche medial entsteht, wird diese nicht mehr nur vor Ort besprochen oder schriftlich memorial unterfüttert. Damit enthüllt sich auch, dass Wirklichkeit gleichermaßen wie auf den Medien damit auch auf Bildung aufruht – und zwar Bildung selbstredend in einem weiteren Sinn, längst nicht nur als politische Bildung, sondern vor allem als Medienbildung, allerdings wiederum nicht nur als ein Lernen, mit informatisierten Medien umzugehen, als Förderung kommunikativer und beruflicher Kompetenzen, sondern als philosophische Reflexion, soziologische Analyse und ästhetische Urteilskraft, um an den politischen und sozialen Diskursen teilzunehmen, die medial stattfinden. Dazu ist denn vor allem Einsicht in die medial verfasste Wirklichkeit vonnöten, über die Gianni Vattimo bemerkt: „Was sich allerdings trotz aller Anstrengungen der Monopole und großen kapitalistischen Zentren tatsächlich ereignet hat, ist, dass Radio, Fernsehen und Zeitungen zu Elementen einer allgemeinen Explosion und Vervielfältigung von Weltanschauungen geworden sind.“[1] Die Massenmedien bieten durchaus Spielwiesen für die Teilhabe an politisch sozialen Diskursen in der

[1] Gianni Vattimo, Die transparente Gesellschaft (1989), Wien 1992, 17

Öffentlichkeit, aber natürlich lenken bzw. beeinflussen sie sie auch. Damit fördern sie Partizipation und Involution zumindest indirekt.

Trotzdem bleibt der involutive Charakter beschränkt, da die klassischen Massenmedien das Individuum nicht direkt zu Wort kommen lassen und Involution einen ähnlich aktivischen Charakter hat wie die Revolution bei Marx. Ich würde zwar nicht so weit gehen, dass involutive Prozesse immer von den Betroffenen ausgehen müssen. Darum können sich auch Institutionen bemühen, sitzen in diesen ja dieselben Leute, die außerhalb derselben auch ein involutives Interesse entfalten. Außerdem können sich staatliche Institutionen auch darum bemühen, teilhabende Aktivität von Bürgerinnen zu fördern. Es gibt ja skurrilste politische Konstellationen und insofern auch Top-down-Prozesse mit involutivem Charakter. Aber grundsätzlich können Staaten Involution nur zulassen, etwas befördern, den Widerstand mindern. Prozesse der Involution sind es als solche nur dann, wenn sie grundsätzlich von den einzelnen ausgehen und insofern auch keinem großen Plan folgen: Involution heißt, was rauskommt, wenn viele mit unterschiedlichen Vorhaben zusammenspielen. Was da rauskommt, weiß im Vorfeld keiner. Insofern entziehen sich Involutionen durch sich selbst jeder Rationalisierung oder Lenkung. Wird das gelenkt, ist es keine Involution mehr. Nicht schön für alle jene, die meinen nur ein großer Plan eines großen Diktators kann die Menschheit retten. Der bestimmt nicht!

Ob solche involutiven Prozesse die Gleichheit befördern – und wenn überhaupt, dann sehr indirekt und langsam – lässt sich bezweifeln. Involution hat keinen Zweck im Sinn eines historischen Aprioris. Wenn bei den involutiven Prozessen soziale Gleichheit kaum eine Rolle spielt, liegt das nun mal an den aktiven Bürgerinnen. Aber diese dürfen tun, was sie wollen, während andere das natürlich auch kritisieren dürfen. Es muss letzteren aber auch klar sein, dass ihre Kritik in die *Banalität* des Populismus einmündet, wenn es keine humanen Wege zur sozialen Gleichheit mehr gibt, das Modell von Marx gescheitert ist und es ein anderes nie gegeben hat. Die soziale Frage wird damit randständig, d.h. es kann nur noch um die eine oder andere Verbesserung, nicht mehr um den großen Wurf gehen. Was populistisch dazu angeboten wird, beruht wie der Antisemitismus auf Diskriminierung. Gleichheit ist entweder eine soziale Utopie oder eine kosmopolitische regulative Idee. Mit ihr muss ganz anders umgegangen werden, als es das soziale Denken in den letzten zweihundert Jahren betrieb.

Noch Rancière geht denn auch keinen involutiven, sondern eher einen revolutionären Weg. Zwar fallen für ihn Wissenschaft und Medialität immer stärker zusammen, doch lässt sich daraus kein aufklärerischer Anspruch ableiten. „Die Verbindung des Wissenschaftlichen und des Medialen ist also nicht der Beginn der Herrschaft der gleichheitlichen Kontingenz. Sie ist sogar genau das Gegenteil davon. Sie ist das Gefangensein der Gleichheit zwischen Beliebigen in einer Reihe von Gleichwertigkeiten und Kreisläufen, die die radikalste Form des Vergessens darstellt.“[1] Das Thema Gleichheit spielt in der medialen Welt bezeichnenderweise auch kaum noch eine Rolle. Man könnte wirklich von Vergessen sprechen. Die Ungleichheit in jedweder Form steht im Vordergrund. Mit dem Pluralismus geht es daher nicht mehr um Gleichheit, sondern um Involution, häufig allerdings an Orten, wo sich die Ungleichheit äußert. Der Konflikt zwischen Arm und Reich bleibt sicherlich bestehen. Aber er präsentiert sich nicht mehr als große Konfrontation zweier Blöcke, wie Marx es sich vorstellte, sondern in einer Vielzahl von kleineren Konflikten, die miteinander wenig gemein haben.

---

[1] Jacques Rancière, Das Unvernehmen (1995), Frankfurt/M. 2002, 115

Das wird Revolutionären natürlich auch nicht gefallen. Sowenig wie manchen Briten, die lieber die Gleichheit britischer Bürger vorziehen statt vielfältiger Involutionen auf europäischer Ebene. Ersteres scheint sich leichter überschauen zu lassen, wenn man sich etwas vormacht. Und was gewinnt man schon mit der nationalen Gleichheit? Es wird eine Ordnung zwischen Anteilhabenden und Anteillosen bleiben! Das ist bestimmt nicht die Gleichheit von der Crouch und Mason träumen, sondern die konservativ populistischen Kreise auf der Insel. Auf europäischer Ebene wird dergleichen eher fraglich, was für die Zivilgesellschaft Spielräume eröffnet – man denke nur an die Möglichkeit sich an den EuGH zu wenden.

Denn in der postmodernen pluralistischen Gesellschaft geht es um die Involution derjenigen, die keinen Anteil an dem haben, wonach sie gelüstet oder was sie dringend brauchen, wenn sie gerade nicht repräsentiert werden. Man eingemeindet sie höchstens durch Umfragen, aber natürlich genau im Sinn der Befragung, nicht in ihrem eigenen. Die Meinung wird von der Wissenschaft identifiziert und kategorisiert. Meinungsforschung befördert nicht die Involution, sowenig wie die Revolution. Andererseits tritt die Involution an die Stelle der Revolution, weil der Pluralismus die Idee der Gleichheit unterwandert und andere Anspruch darauf erheben, gezählt zu werden, selbst wenn sie nicht dazu gezählt werden können, selbst wenn sie nicht als Gleiche, sondern gerade als andere involviert sein wollen.

DIE PHILOSOPHIE DER ZIVILGESELLSCHAFT: ARENDT

Was muss die Bürgerin lernen, wenn sie selbst derart Politik machen möchte? Bzw. auf welche Philosopheme stützt sich die Bildung, die die Bürgerin befähigt, an solchen Involutionsprozessen teilzunehmen, bzw. um Diskriminierung, Rassismus, Dschihadismus und Ausgrenzung zu vermeiden? Banal gesprochen ist es dazu für die Bürgerin nötig, sich eigene Gedanken darüber zu machen, was um sie herum vorgeht. Das unterscheidet den individualisierten Menschen vom Untertan, der es gerade ablehnt, überhaupt daran zu denken, was er auf Geheiß seiner Vorgesetzten tun soll, was dabei passiert, welche Folgen dabei eintreten. Max Weber hat das ja programmatisch formuliert, dass der Untertan selbst einen ihm falsch erscheinenden Befehl so ausführen soll, als sei es sein ureigener Wille. Wenn der Untertan nicht in permanenten inneren Konflikten leben will – und das erklärt Arnold Gehlen als ungesund –, so muss der Untertan aufhören darüber nachzudenken, ob die Anweisungen, denen er folgt, richtig sind oder nicht. *Eichmann in Jerusalem* hat das nach Arendt just dort vorgeführt, wo sich solche von Weber geforderte Gedankenlosigkeit mit der größten Grausamkeit paart. Natürlich hilft dann auch die Ausrede nicht, dass der Mann ja nur die Züge fahren ließ. Nicht nur dass diese Transporte in Viehwaggons tagelang bei Hitze oder Kälte quer durch Europa an sich schon unglaublich grausam waren, dass es dabei viele Fluchtversuche gab und diese Transporte daher von der Polizei bewacht wurden – begehrte, weil bequeme und gutbezahlte Jobs, bei denen man gelegentlich einen Flüchtenden erschießen musste. Natürlich war der Mann auch darüber voll informiert, was hinter der Rampe von Auschwitz passierte, hatte er selbst an der Wannsee-Konferenz teilgenommen: Also kein Ethos und schon gar kein Eros: Befehle ausführen, als entsprächen sie seinem eigenen Willen. Weber ist verstrickt in die Vorgeschichte des Holocaust. Das Nürnberger Gericht wird ihn nach dem zweiten Weltkrieg widerlegen.

Jedenfalls besteht eine alltägliche Neigung, auf Nachdenken tunlichst zu verzichten, schreibt Arendt: „Die Gedankenlosigkeit ist freilich ein mächtiger Faktor im menschlichen Leben, statistisch gesehen sogar der mächtigste, nicht nur im Verhalten der vielen, sondern im Verhalten aller. Gerade die Dringlichkeit, die a-scholia, der menschlichen Geschäfte verlangt vorläufige Urteile, das Sich-Stützen auf Sitten und Bräuche, also auf Vorurteile.“[1] Selbst im Alltag der Wissenschaften erweist sich Nachdenken als ungeschickt, hinterfragt auch der Wissenschaftler besser nicht, was seine Worte denn eigentlich bedeuten, stellt er also nach Heidegger die Frage nach dem Sinn von Sein vernünftigerweise nicht. Und die schnelllebiger werdende Welt fördert das Nachdenken noch weniger. Sich mit der Welt eins fühlen zu können, verlangt, sich strickt den Prozessen der Umwelt auszusetzen und in diesen mit zu schwimmen. Das erleichtert das Leben allein schon dadurch, dass es gemeinhin mit ökonomischen Erfolgen verbunden ist. Trotzdem verwickelt die Geschwindigkeit auch in Gradlinigkeiten, die man am besten ausblendet, wenn man nicht langsamer werden will.

---

[1] Hannah Arendt, Vom Leben des Geistes – Das Denken (1977), 2. Aufl. München 2002, 77

Andererseits liegt darin auch die Chance, zum Denken angeregt zu werden, gerade wenn man sich nicht nur in eine Tradition einklinken will, wenn man sein Leben voller Widersprüche selber bestimmen möchte, wenn man das politische Geschehen um sich herum verstehen möchte. So bemerkt Arendt: „Das Denken entsteht also aus der Desintegration der Wirklichkeit und der entsprechenden *Entzweiung* von Mensch und Welt, woraus sich das Bedürfnis nach einer anderen, harmonischeren und sinnvolleren Welt ergibt."[1] Letzteres entspricht immer noch dem Gefühl vieler Menschen, wiewohl andere längst eingesehen haben, dass Harmonie und Sinn metaphysische Begriffe sind, mit denen man gerade nicht dorthin gelangt, wovon diese Begriffe angeblich künden, nämlich von irgend so etwas wie Seelenfrieden.

Trotzdem entwickelt sich aus besagten Konflikten das Bedürfnis, diese wenigstens ansatzweise zu verstehen und zu durchschauen. Darum muss sich die einzelne selber bemühen, kann sie sich zwar diverser Hilfen rückversichern, sich aber nicht einfach auf die politischen Institutionen oder die Massenmedien verlassen. Vielmehr muss sie selber Informationen prüfen und vergleichen, was natürlich gerade nichts mit tumber Medienschelte zu tun hat. Sich durch Medien zu informieren, dürfte immer noch zuverlässiger sein als nur durch gute oder vermeintliche Freunde, die dasselbe meinen und glauben: das Modell des sozialen Netzwerkes und zwar gleichgültig in welchem politischen Lager. Man sollte auch dem besten Freund nicht blind vertrauen.

Um aber im Medienwald zu prüfen, muss man selber überhaupt das Denken lernen. Was aber heißt Denken? Eine Frage, mit der sich Heidegger auseinandersetzt und an die Arendt pointiert anschließt und was sie präziser als Heidegger weiterführt. Sie schreibt: „Denn wenn es wahr

---

[1] Ebd., 20

ist, dass alles Denken mit Andenken anhebt – dem andenkenden Nachhängen eines Wirklichen -, so ist nicht weniger wahr, dass kein Andenken gesichert sein kann, das nicht durch den Prozess begrifflicher Klärung und Verdichtung gegangen ist, auf Grund deren es weiterwirken und sich entfalten kann."[1] Die individualisierten Zeitgenossen, die selber denken wollen, müssen sich nicht nur informieren, sondern brauchen vielmehr ein reflexives Wissen, das sich auf Begriffe und Methoden stützt, die aus den disparaten Ereignissen nicht nur Zusammenhänge basteln, sondern diese zugleich selbst hinterfragen. Denn nichts ist gefährlicher als ein vermeintlich sicheres bzw. vermeintlich gewisses Wissen, das man im religiösen Sinne schlicht glaubt. Eingedenk dessen, dass jedes Wissen relativ ist, darf man daraus natürlich auch keine absoluten Schlüsse ziehen.

Trotzdem geht es darum, Zusammenhänge herzustellen, die nicht auf der Hand liegen, die aber gerade nicht bloß fantasiert werden. Dazu muss man das selbst Ausgedachte mit den Informationen vergleichen, die man aus den Medien erhält. Denken hat für Arendt dabei vor allem den Sinn, sich von der Allgewalt der unmittelbaren Erfahrung zu befreien, vom sinnlich unmittelbar Wahrnehmbaren abzusehen, gerade auch von einer lärmenden Umwelt, von den vermeintlichen Freunden im sozialen Netzwerk, und stattdessen die Augen zu schließen, und sich Zusammenhänge vorzustellen, die nicht evident sind. Arendt schreibt: „Das, was man im allgemeinen ‚Denken' nennt, kann zwar nicht den Willen in Bewegung setzen oder der Urteilskraft allgemeine Regeln liefern, doch es muss die den Sinnen gegebenen Einzeldinge so aufbereiten, dass der Geist mit ihnen umgehen kann, wenn sie nicht gegenwärtig sind; kurz, es muss sie *entsinnlichen*."[2]

---

[1] Hannah Arendt, Über die Revolution, München 1963, 283

[2] Hannah Arendt, Vom Leben des Geistes – Das Denken, 82

Man kann über den Freund nicht nachdenken, wenn er vor einem sitzt. Die unmittelbar sinnlich gegebene Erfahrung muss bei geschlossenen Augen reflektiert werden, just um sich vom Bann des Erlebens zu befreien. Denn dabei gewesen zu sein, heißt gerade nicht zu wissen, was passiert ist – das dubiose Argument jener, die dabei waren und meinen, es daher besser zu wissen als die Historiker bzw. die Beobachter.

Denken nimmt die Erfahrungen auf und verarbeitet sie abstrakt weiter, beginnt mit ihnen spielerisch umzugehen, versucht sie anders, als sie unmittelbar vorliegen, zu verstehen, um neue Sichtweisen zu öffnen, sich dadurch von jenen zu befreien, die der Alltag zuspielt und die selbstverständlich erscheinen. Die Ereignisse geraten derart in ein anderes Licht. Sie verändern ihren Charakter, verwandeln sich, werden andere Ereignisse. Außerdem lassen sich nach Arendt dadurch Zusammenhänge entwickeln, die eben nicht auf der Hand liegen. Denn die einzelnen Erlebnisse und Erfahrungen kann man derart miteinander in Beziehung setzen, entstehen Bezüge, die es zuvor nicht gab bzw. die zuvor nicht gesehen wurden. Neue Zusammenhänge erweitern den Horizont des Verstehens, das dadurch neue Perspektiven entwickelt, die selbstverständlich auf die einzelnen Erlebnisse rückwirken, sie eben anders verstehen lassen.

Wichtig ist dabei, dass sich die Europäerin durchaus auf ihre eigenen selbstredend gut durchdachten Gedanken verlässt und nicht einfach auf vorgegebene Dogmatiken zurückgreift, die entweder umfassenden Lehren entspringen oder sich aus bestimmten Theoriemodellen ergeben, heißen diese Liberalismus, Marxismus, Ökologie oder Klimamodelle – um nur einige kritische zu erwähnen. Für beide Grundtypen gilt, sich vor allem vom Bann apokalyptischer Visionen zu befreien, die die Bürgerinnen interventionistisch dazu auffordern, ihr Leben zu ändern. Gedankenfreiheit, wie sie Marquis Posa in Schillers *Don Carlos* von Philipp II. von Spanien fordert, heißt vor diesem dogmatisierenden Hintergrund, sich eigene Gedanken zu machen, die sich aus einem solchen Umfeld lösen und vermeintliche Selbstverständlichkeiten in Frage stellen. Es kann der einzelnen dabei nicht darum gehen, dem dogmatisierenden Hintergrund eigene Dogmatisierungen entgegenzustellen. Dann könnte die Bürgerin genauso gut eine vorhandene Dogmatisierung übernehmen. Wenn das Individuum selber urteilen will, dann funktioniert dergleichen nur durch einen Abschied von umgreifenden Perspektiven. Das Individuum wird auf umfassende Weltinterpretationen zugunsten singularisierter Erlebnis- und Denkweisen verzichten müssen. Man kann die Welt als einzelne nicht erfassen, aber auch nicht als eine Gemeinschaft der Philosophen im Sinne Hegels oder der analytischen Philosophie, die sich erstaunlich ähneln. Beide vermehren und verfestigen nur ihre jeweiligen gemeinsam gesammelten Irrtümer. *Lieber alleine irren als gemeinschaftlich!* Denn gemeinschaftlich hat das einfach weitreichendere Konsequenzen: Der Abschied von der Gesellschaftstheorie im Zeitalter der Individualisierung, wenn sich die Bürgerin primär darum kümmert, was sie erlebt, ohne dahinter einen tieferen Sinn zu eruieren, von einem höheren ganz zu schweigen.

Die Gesellschaftstheorie besonders marxistischer Provenienz stützt sich auf die subsumierende Urteilskraft, wie sie Kant bezeichnete, genauer auf Interpretationsregeln, die die realen Ereignisse bestimmten Verständnisweisen zurechnen. Die Gemeinschaft der Philosophen oder der Wissenschaftler schafft sich auf diese Weise eine objektive Erkenntnis, die natürlich ihren subjektiven Grundlagen nicht entgeht, die in bestimmten Prinzipien liegen, denen die realen Ereignisse zugeordnet werden: die subsumierende Urteilskraft. Noch problematischer ist, dass sich umstrittene Fragen trotzdem nicht wissenschaftlich final lösen lassen, dass sie also umstritten bleiben. Damit stehen die Subsumtion und somit die subsumierende Urteilskraft selbst in Frage, vermag letztere jedenfalls keine theoretischen Konflikte zu lösen, ist ihr Anwendungshorizont auf sich selbst beschränkt.

Just an dieser Stelle bleibt denn gar nichts anderes, als sich auch wissenschaftlich der reflektierenden Urteilskraft zu bedienen, die sich auf keine gemeinsamen Interpretationsregeln mehr stützen kann, die ähnlich wie das Denken nur Vergleiche zwischen einzelnen Sachverhalten zu ziehen vermag, um zwischen verschiedenen Urteilenden zu vermitteln. Derart nähert sich auch das Erkenntnisurteil dem Geschmacks- wie dem politischen Urteil an. Arendt bezieht das Geschmacksurteil indes nur auf das politische: „Das Geschmacksurteil hat ferner mit dem politischen Urteil gemein, dass es niemanden zwingen und, anders als das Erkenntnisurteil, nicht zwingend beweisen kann. Der Urteilende kann immer nur, wie Kant so schön sagt, ‚um jedes anderen Beistimmung [werben]' und hoffen mit ihm übereinzukommen."[1] Doch auch das umstrittene wissenschaftliche Urteil vermag niemanden zu seiner Anerkennung zu zwingen. Das Geschmacksurteil gehört bekanntlich zu jenen Urteilen, die man nicht beweisen kann, so dass der einzelne ein solches Urteil auch nicht anzuerkennen braucht. Er kann und wird weiterhin das Gegenteil behaupten. Das gilt längst auch für die Wissenschaften aus vielerlei Gründen, unter anderem ob der Komplexität, auch wenn Widerspruch in manchen Situationen so unsinnig wie durchsichtig erscheint, kommt er doch selbst in den höchsten Kreisen vor. Aber hatte jemand jemals Achtung vor dem Adel?

Nicht anders verhält es sich in der Politik. Die Rede von der Alternativlosigkeit bezeugt eher nur Ausweglo-

---

[1] Hannah Arendt, Kultur und Politik (1958), in: dies., Zwischen Vergangenheit und Zukunft – Übungen im politischen Denken I (1968), 2. Aufl. München 2000, 300

sigkeit, wird ja auch das angeblich alternativlose Urteil von seinen Kritikern gemeinhin bestritten. Oder es kündet davon, sich der Diskussion verweigern zu wollen. So sind Ästhetik und Politik miteinander so nahe verwandt, dass es auch nicht verwundern darf, wenn die Ästhetisierung der Politik, wenn Symbolpolitik, wenn pragmatische Politik um sich greifen. Sie entsprechen der Urteilsstruktur innerhalb des Politischen, nicht aber das dogmatische noch das wissenschaftliche Urteil gemäß deren eigenem Anspruch. Daher stammt denn auch der notorische Konflikt zwischen Politik auf der einen und Religion sowie Wissenschaft auf der anderen Seite. So schreibt Arendt weiter: „Dies Werben ist ja offenbar nichts anderes, als was die Griechen *peithein* nannten, jenes Überreden und Überzeugen, welches der Polis als die hervorragende Art und Weise des politischen Miteinandersprechens galt und das sie nicht nur der verhassten physischen Gewalt entgegensetzten, sondern auch von dem eigentlich philosophischen *dialegesthai* aufs genaueste zu trennen wussten, eben weil es in diesem Dialog um Erkenntnis ging und der Erkenntnis und der Wahrheitsfindung eine zwingende Beweisführung entsprach.“[1] Natürlich konzentrieren sich die Wissenschaften weiterhin auf letzteres. In der Philosophie macht dergleichen indes wenig Sinn mehr, es sei denn man versteht sie als Wissenschaft und beschränkt sie dann mehr oder weniger auf die Logik. Doch selbst das wissenschaftliche Urteil beruht auf Prämissen und kann seine letzten Gründe nicht angeben, wäre es dann nämlich Religion. In allen anderen philosophischen Bereichen gilt dasselbe Urteilsprinzip wie in der Ästhetik oder der Politik, nämlich die reflektierende Urteilskraft, und zwar gerade dann, wenn die Philosophie praktisch werden will und sich in die diversen Diskurse einzumischen versucht.

[1] Hannah Arendt, Kultur und Politik (1958), ebd., 300

Das gilt natürlich auch für gesellschaftlich unmittelbar relevante Wissenschaften wie die Soziologie oder die Pädagogik, die sich gleichfalls weitgehend auf die reflektierende Urteilskraft stützen. Das Individuum verfügt auch als Pädagogin generell nur über eine beschränkte Erfahrung, kann also Interpretationsregeln immer nur beschränkt überprüfen. So sollte es sich auch auf solche Regeln nicht verlassen, sondern sie immer nur unter Vorbehalt anwenden bzw. vermitteln. Also selbst wenn sich die Pädagogin der subsumierenden Urteilskraft bedient, dann nur unter Vorbehalt, was dieser gleichfalls eine Art reflektierenden Charakter verleiht. Die Bürgerin verfügt nur über einen beschränkten Horizont, der sich nicht durch die Berufung auf Dogmatisierungen erweitern lässt. Dann aber wird sie sich vorschnellen Urteilen enthalten, wie sie von populistischer Seite angeboten werden. Genauso wenig wird sie sich in vorschnelle Kritiken an den Institutionen der EU beteiligen. Sie wird sich keinem Primat der Ökonomie oder der Ökologie unterwerfen. Denn es gibt immer konkurrierende Perspektiven, von denen keine ein Primat begründen kann.

Über apokalyptische Drohungen – stammen sie aus der „Offenbarung“, dem letzten Buch des *Neuen Testaments*, dem Gründungstext aller Apokalypsen, entstanden um das Jahr 100 geschrieben vom kleinasiatischen Wanderprediger Johannes, nicht vom Evangelisten, von Savonarola, von Oswald Spengler, Peter Sloterdijk, Bruno Latour, Paul Mason oder von εἰκών – kann die Bürgerin dann lachen, weiß sie dass das Drehbuch zu den wissenschaftlichen Apokalypsen Machiavelli und Hobbes geschrieben haben: Man kann Menschen dann am effektivsten beherrschen, wenn man ihnen Angst macht. Apokalyptisches Predigen reiht sich in autoritäres Getue ein, das Menschen lenken, wenn nicht sogar züchten möchte.

Stattdessen halte man sich lieber an die Empfehlung Senecas: „Vor allem aber meide man die Schwarzseher und Klagesüchtigen, denen nichts gut genug ist, um nicht darüber ein Klagelied anzustimmen. Mag einer auch ein treuer und wohlwollender Gesell sein, er ist doch ein Feind unserer Ruhe durch seine ewige Aufregung und sein beständiges Seufzen."[1] Man braucht sich vor diesen Leuten auch nicht zu fürchten: Man kann die Zukunft nicht voraussehen. Aber solche Leute verderben jegliche Leichtigkeit des Seins und senken dramatisch die Stimmung bzw. jedes Hochgefühl. Für Apokalyptiker ist Stolz Sünde, weil sich die Stolze weder beeindrucken noch ängstigen lässt. Sie wird ihr Leben nicht ändern. Stolz ist daher die wichtigste zivilgesellschaftliche Tugend, die vor dem Untertanengeist genauso bewahrt wie vor der Angst. Dabei ist gelegentlich auch ein Zuviel der reflektierenden Urteilskraft möglich: Es gibt nun mal nichts in der Welt, was uneingeschränkt gut genannt werden könnte. Man braucht die reflektierende Urteilskraft, um den Populismus zu verstehen, nicht aber um Verständnis für dessen Anhänger aufzubringen, die noch dazu in den seltensten Fällen zu den Armen zählen, dafür zu jenen, die zur erweiterten Denkungsart Kants unfähig sind, die Arendt für eine wichtige demokratische Tugend hält. Gedankenlosigkeit muss man nicht goutieren, auch wenn das renommierte Leute wie Latour, Streeck und Mason tun. Aber die Anhänger der Populisten bezeugen bei ihren Auftritten regelmäßig Tumbheit und Brutalität.

Auch die Medien sind notorisch auf reflektierende Urteile angewiesen. Dabei versuchen Medien gerne den Anschein subsumierender Urteilskraft zu erwecken, sei es durch die Einbeziehung von Wissenschaftlern, sei es durch die eigene Recherche. Selbstredend gelingt das höchstens in nicht umstrittenen Bereichen. Ansonsten pflegen sie eine Kommentierung, die an die Stelle der

---

[1] Seneca, Von der Seelenruhe – Vom glücklichen Leben, Köln 2010, 29f

subsumierenden Urteilskraft die Evozierung von Furcht, also die apokalyptische Warnung und Drohung setzt. Just davon aber sollte sich die Bürgerin so wenig beeindrucken lassen wie von ähnlichen Methoden in Politik und Wissenschaft. Wenn Eco auffordert, „sich von der krankhaften Leidenschaft für die Wahrheit zu befreien“[1], heißt der aktualisierte Appell, die krankhafte Angst vor der Zukunft zu verwinden! Das Schlimmste passiert nicht nur äußerst selten und dann stirbt man selbst beim Absturz des A 380 immer allein. Klar ist es viel schrecklicher, wenn vor einem ringsherum gestorben wird. Man möchte dann doch die erste sein.

So bleibt für das Individuum – gehört es nicht zu einer Expertengruppe – gar nichts anderes, als sich vor subsumierenden Urteilen zu hüten und die reflektierende Urteilskraft umso mehr zu üben, was man beispielsweise durch das Auslegen von philosophischen und literarischen Texten tun kann. Der Zweck, den Arendt darüber hinaus damit verbindet, ist denn vor allem ein politischer, ist „die wichtigste Bedingung für alle Urteile, die Bedingung der Unparteilichkeit, des ‚uninteressierten Wohlgefallens‘. Indem man seine Augen schließt, wird man zu einem unparteilichen, nicht direkt affizierten Zuschauer sichtbarer Dinge.“[2] Nur dann kann man auch die Logiken jener durchschauen, die dem rationalen Blick auf ihre jeweilige Dogmatik als wahnsinnig oder zumindest pathologisch erscheinen, die sich so gar nicht ökonomisch erklären lassen wollen. Das hat nichts damit zu tun, wie weit man ihnen entgegen kommen will.

Natürlich werden viele Marxisten, Islamisten und auch viele Katholiken die Möglichkeit einer solchen Inte-

---

[1] Umberto Eco, Der Name der Rose, Roman (1980), 22. Aufl. München, Wien 1983, 624

[2] Hannah Arendt, Das Urteilen – Texte zu Kants politischer Philosophie (1982), München, Zürich, 1998, 92

resselosigkeit dementieren – die Marxisten haben den beiden letzteren dazu die Vorlage geliefert. Sie unterstellen, dass dadurch das Individuum zum Spielball fremder Interessen wird und seine eigenen auflässt. Doch als dessen eigene werden diese drei Weltanschauungen nichts anderes als bestimmte von diesen angeblich objektivierte unterstellen: die Interessen des Proletariats, das Interesse Gottes oder das Seelenheil. Doch just das sind evidenter Weise Interessen, die das Individuum nur mittels der entsprechenden Dogmatisierungen entwickelt, nicht notwendig von sich aus. Weder braucht jeder unbedingt Seelenheil noch Seelenfrieden.

Wenn die Bürgerin über die Welt reflektieren will, wenn sie sich in der Welt orientieren will, dann muss sie ihre Interessen nicht aufgeben, aber sie darf sie nicht zur Leitlinie der eigenen Reflexion machen, wenn sie die Logik anderer verstehen will. Anders als bei besagten und ähnlichen Weltanschauungen geht es aber nicht darum, die Logik der anderen zu übernehmen, sondern darum gegebenenfalls mit ihnen zu kommunizieren, um mit ihnen vielleicht zu parallelen Urteilen zu gelangen. Die Pädagogik sollte just dazu verhelfen, schwierig angesichts mächtiger Gegner, die vor allem die Pädagogik selbst zu ganz anderen Zwecken benutzen.

Jedenfalls ist zur Involution eine philosophische Bildung unabdingbar. Das fällt vielen schwer, was aber kein Argument gegen diese Bildung sein kann. Bildung lässt sich dabei auch nicht gleich verteilen. Sie hängt vom individuellen Engagement ab. Umso mehr wird sie von Bildungsfeinden gehasst. Aber der Europäerin vorzuwerfen, sie würde durch ihre Bildung Ungleichheit verschärfen, ist nur ein Appell zur Dummheit, wie es wohl auch Arendt formulieren würde. Genauso wie die Behauptung, Emanzipation fördere die Ungleichheit. Auf die Gleichheit kann man verzichten, wenn sie Untertänigkeit voraussetzt.

ÄSTHETIK UND EROS EUROPAS: RORTY

Die äußeren Bedingungen des Denkens und des Urteilens beschreibt Richard Rorty mit den Worten: „'Freie Diskussion' heißt hier nicht ‚ideologiefrei', sondern einfach das, was sich abspielt, wenn die Presse, das Gerichtswesen, die Wahlen und die Universitäten frei sind, die soziale Mobilität ausgeprägt und hoch, das Analphabetentum abgeschafft, höhere Bildung üblich ist und wenn Friede und Wohlstand die Freizeit ermöglicht haben, die man braucht, um vielen Leuten zuhören und über das nachdenken zu können, was sie sagen."[1] Wenn man die hier beschriebene Sachlage auch als Voraussetzung für Involutionsprozesse betrachtet, die weniger konfrontativ gar gewaltsam ausarten, dann weist das implizit daraufhin, dass Involutionäre Radikalität eigentlich vermeiden sollten, somit auch eine fundamentalistische Kritik, gleichgültig ob sie von Links, von Ökologen oder Hilfsorganisationen kommt. Dergleichen erweist sich als wenig hilfreich, wird dabei nämlich gemeinhin mit Diskriminierung gedroht.

Jedenfalls könnte man Involution im Anschluss an dieses Rorty-Zitat bestimmen, gehört zu ihr nämlich Partizipation am gesellschaftlichen Reichtum in einem erheblich höheren Maße, als es das Differenzprinzip bei Rawls fordert. Freiheit funktioniert für die meisten Men-

---

[1] Richard Rorty, Kontingenz, Ironie und Solidarität (1989), Frankfurt/M. 1992, 145

schen nicht in Armut, höchstens für Asketen, die man nicht zum Maßstab nehmen kann. Ökologisch gibt es nur eine langfristige Lösung eines langsamen Bevölkerungsrückgangs, aber keinesfalls die weitere Senkung des Lebensstandards, sondern nur Wachstum, damit sich höhere, genauer philosophische Bildung ausbreiten kann, damit die Leute Zeit und Muße haben, um zu kommunizieren und um nachzudenken, um langsam gute Ideen zu entwickeln, wie man mit weniger Konsum noch besser lebt, nicht darbender und opferbereit. Es geht um die Lust und nicht ums Opfer. Das ist der Eros Europas, den viele gerne teilen würden, woraus allerdings nichts folgt.

Man mag die Konsumgesellschaft seit der zweiten Hälfte des 20. Jahrhunderts auch noch so beklagen, sie ist selbst noch den ökologischen Preis wert, just auch weil sie selbst die Ökologie erfunden hat, vor allem aber weil sie doch vielen Menschen ein besseres Leben als in früheren Epochen ermöglicht. Die gesellschaftliche Liberalisierung der Lebensformen hat die politische Partizipation intensiviert und zu einem freieren Sexualleben geführt. Ivan Krastev hat dabei sicherlich Recht, wenn er schreibt: „Diese Welt <der Singles> ist zwar reich an Erfahrungen, eignet sich aber nicht zur Bildung einer stabilen Identität und zum Aufbau von Treueverhältnissen.“[1] Aber Treue, Demut und Keuschheit sind ethische Werte einer anderen traditionellen Welt, die die Zivilgesellschaft hinter sich gelassen hat, weil diese Tugenden nicht nur Leiden verursachten, sondern die Entfaltung des Individuums verhinderten und Untertanen produzierten. Man denke nur an den Wahlspruch der grausamsten Massenmörder des 20. Jahrhunderts, der SS: ‚Meine Ehre heißt Treue‘. Zudem kostet es viel sinnlos verschwendete Energie, immer dieselbe sein zu wollen, eine stabile Identität zu hal-

[1] Ivan Krastev, Auf dem Weg in die Mehrheitsdiktatur? in: Heinrich Geiselberger (Hrsg.), Die große Regression, Berlin 2017, 123

luzinieren, ist man doch ständig eine andere. Sich mit dieser Realität einzurichten, erleichtert dagegen das Leben, befördert die Leichtigkeit des Seins – was auch nicht Milan Kunderas Sache war – aber es macht auch nichts, wenn sich dabei das Sein ständig umfärbt – soll sich Heidegger bei dieser Vorstellung ruhig im Grab mal umdrehen. Aber wann Krastev gerne treu ist, dann darf er gerne brav sein.

Es hätte sich auch gar kein ökologisches Bewusstsein verbreitet, das jetzt durchaus erkennt, dass viele Entwicklungen aus diversen Gründen zu korrigieren sind, ohne dass man sein Leben ändern muss und ohne der kynischen Predigt vom Menschenjungen bzw. von der kulturellen Wende oder der individuellen Lebensänderung aufzusitzen. Ohne philosophische Bildung und ohne Freizeit bliebe Individualisierung ein reiner Atomisierungsprozess, wie man die Entstehung der Industriegesellschaft am Anfang des 20. Jahrhunderts in weiten Kreisen empfand, als sich das Gefühl der Einsamkeit und der Verlassenheit ausbreitete, was Paul Mason noch dem Neoliberalismus attestiert, während er gleichzeitig auf die individualisierten Bürgerinnen hoffen muss in Erwartung einer Revolution und gerade keiner Evolution, weissagt er doch dem Kapitalismus den Untergang: „was uns bevorsteht: der Zusammenbruch unserer Welt“[1]. Dagegen besteht die einzige realistische Chance in Involutionen, die den Neoliberalismus in gewisse Schranken weisen, eben wenn sich Bürgerinnen gegen ihren Ausschluss wehren und beteiligt werden wollen. Das müssen nicht die Arbeiter sein, die es als Proletariat sowieso nicht mehr gibt und das auch nicht erst der Neoliberalismus zum Verschwinden brachte.

Natürlich dürfen die Medien nicht gleichgeschaltet sein, muss es einen Medienstreit geben, ohne den man

[1] Paul Mason, Postkapitalismus, 316

den Medien nicht trauen kann – bereitet unter demokratischen und rechtstaatlichen Umständen jede pauschale Medienschelte – egal ob an einem Montag oder von Herbert Marcuse – bestenfalls den Weg in eine gelenkte Presse. Gruppen, deren Meinungen in den meisten Medien keine Resonanz finden, greifen diese gemeinhin an. Doch wenn diese Meinungen einen diskriminierenden, z.B. rassistischen oder dschihadistischen Charakter haben, wenn hinter dem Ausschluss auch noch Mordlust steht, dann verweigern sich deren Vertreter selber der Kommunikation: Auch wenn der Dschihadist oder Populist gerade nicht schießt, führt er einen verbalen Krieg; selbst wenn der Rassist andere Menschen gerade nicht vertreibt und ermordet, sondern die Flüchtlinge, die 2015 aus Syrien nach Deutschland kamen, als Invasion bezeichnet (im Geiste verteidigt er noch die Normandie) – betreibt er die verbale Seite des Holocaust; wenn man anderen sexuellen Orientierungen nicht dieselben Rechte zugestehen will wie der eigenen – wenn diese geheim nicht eine andere ist –, diskriminiert man, eben wenn eine verflossene Populistin davon sprach, dass eine Familie aus Vater, Mutter und Kind bestehe. Medien, die dergleichen kolportieren, würden sich selbst der Kommunikation entziehen und damit nicht mehr dem entsprechen, was Medien gemeinhin ausmacht, nämlich die Kommunikation zu fördern und zu begleiten. Das gilt für Islamisten, aber genauso für Islamophobe, die ja die Kommunikation mit dem Islam genauso verweigern wie den Diskurs über den Islam. Derart operiert auch der US-Sender Vox. Umgekehrt kann es ja auch kaum Kommunikation zwischen den Organen der Populisten und dem größten Teil der Medienwelt geben. Wie sollte man mit Radio Maryja kooperieren. Aber in einer liberalen Welt darf auch auf abstruse Weise weiter gesendet werden.

Dabei muss man eine Einschränkung machen: Zu Zeiten des kalten Krieges haben westliche Medien Äußerungen aus der kommunistischen Welt gemeinhin gar nicht ernst genommen und dementsprechend von vornherein über sie nur abwertend berichtet. Heute werden Statements aus der populistischen oder dschihadistischen Welt als durchaus ernst zu nehmend kolportiert, werden sie zwar skeptisch beäugt, aber doch nicht als grundsätzlich absurd betrachtet, wiewohl sie das offenbar sind. Ja, es gibt in den Medien sogar viele Trump-Versteher, die unbegründete Aussagen von ihm trotzdem ernst nehmen und diskutieren, anstatt ihn erst mal Gründe liefern zu lassen – man denke an den Vorwurf, Obama hätte ihn abhören lassen. Die heutige anti-zivilgesellschaftliche Welt bekommt eine bessere Presse als einst die kommunistische. Aber das ist in der Tat ein Fortschritt. Andererseits muss man in der Zivilgesellschaft den US-Präsidenten nicht ernst nehmen. Im Gegenteil, das wäre ein politischer Fehler. Und ernst nehmen heißt hier, versuchen mit ihm zu reden. So fordert Rorty ja dazu auf, dass man nicht jedem in dessen Vokabular antworten muss. Man sollte sich nicht auf die Sprache des Populismus einlassen so wenig wie auf die der Nazis – mögen sich die Medien häufig feige verhalten – eine Medienschelte!

Trotzdem geht es grundsätzlich darum, ob bei Medien wie Zeitgenossen eine kommunikative Offenheit besteht oder ob sie sich dieser entziehen und diskriminierende, entwürdigende und intolerante Urteile über ihre Feinde fällen, die just zu Feinden und nicht Gegnern oder Konkurrenten erklärt werden – man denke an die Forderung eines bundesrepublikanischen Populisten-Chefs nach einer friedlichen Revolution und an 1933. Den Feind bestimmt Carl Schmitt im existentiellen Sinn, den man in letzter Konsequenz auch zu töten bereit sein muss – es gibt ja im Internet genügend derartige Deklarationen. Just hier endet das Gespräch, das von den Möchtegernmördern abgebrochen wird, nicht von der Zivilgesellschaft. Indes darf man mit dem Feind nach Carl Schmitt sogar Geschäfte machen, wenn bei jedem Friedensschluss nur bessere Voraussetzungen für einen nächsten Krieg geschaffen werden sollen, worauf die deutsche Kriegszielpolitik im ersten Weltkrieg ausgerichtet war, Vorbild für Schmitts *Begriff des Politischen* und die Umkehrung von Kants Prinzip in seiner Schrift *Zum ewigen Frieden*. Schmitt will damit einen Realismus propagieren, der sich nur an der Existenz unversöhnlicher Feinde misst, wobei er sich selbst zu jenen gesellt, die diese Unversöhnlichkeit produzieren und folglich vom Endsieg träumen müssen – die absolute Illusion.

Nach Rorty dagegen soll man den Kreis derer, mit denen man sich solidarisch fühlt, ständig erweitern – ein originär involutiver Anspruch. So schreibt Rorty über eine liberale Utopie: „In einem solchen Utopia käme niemand auf den Gedanken, es gebe etwas Wirklicheres als Lust oder Schmerz, oder auf den Gedanken, uns sei eine Pflicht auferlegt, die das Streben nach Glück transzendiert. Ein demokratisches Utopia wäre eine Gemeinschaft, in der nicht die Suche nach der Wahrheit, sondern Toleranz und Neugier als intellektuelle Kardinaltugenden gelten. Dies wäre eine Gemeinschaft, in der es nichts gäbe, was auch nur entfernt einer Staatsreligion oder einer Staatsphilosophie gleichkäme.“[1] In einer solchen Utopie geht es jedenfalls nicht darum, dass sich die Bürgerin einer Idee unterordnet oder sich dieser gar hingibt, gleichgültig ob es sich deliberativ um eine Gattungsethik oder um die Ökonomie handelt – über das Volk sollte man schweigen.

Islamistische Selbstmordattentäter oder rassistische Retter des Abendlandes wie jener, der in Norwegen einen Massenmord beging oder dessen Nachahmer in München

---

[1] Richard Rorty, Kontingenz, Ironie und Solidarität (1989), Frankfurt/M. 1992, 89

im Juli 2016, werden das anders sehen. Schmerz ist ihnen wichtiger als Lust. Gemäß der Kulturtheorie von Sigmund Freud und Jacques Lacans Todestriebinterpretation sollte man sich darüber auch nicht allzu sehr erschrecken. Neugierig sind viele Zeitgenossen zumeist nur auf die neueste technische Entwicklung, während Lust am eigenen Tod eher wenige Kriegertypen entwickeln. Aber viele halten sich von fremden Menschen lieber fern – was tendenziell einen Mangel an Bildung oder ein fortgeschrittenes Alter bezeugt.

Staatsreligion und Staatsphilosophie oder welche Dogmatik auch immer gehören jedenfalls nicht in eine individualisierte Welt, in der sich die Bürgerinnen um Involution bemühen. Die Religion sollte denn auch eher den Status erhalten, den die Philosophie hat, extrem individualisiert, privatisiert, selbst wenn dafür öffentliche Gelder ausgegeben werden. Die Religion wie die Philosophie sollten sich von Ideen sicherer Wahrheiten generell verabschieden, dergleichen den Einzeldisziplinen überlassen. Zwar gelingt es letzteren immer wieder medialen Wirbel zu erregen. Doch zur Dogmatisierung von Weltbildern reicht dergleichen zumeist nicht hin.

So etwas aufzulassen, das muss man auch von Weltbildern verlangen: Das erweiterte Toleranzprinzip heißt: Keine Mission. Denn niemand kann sicher sein, dass seine eigenen Weltvorstellungen für andere Menschen besser sind als andere. Niemand hat ein Recht, dem anderen vorzuschreiben, wie er zu leben hat. Denn wenn er das vorzuschreiben versucht, dann diskriminiert er andere Zeitgenossen. Es gehört sich nicht, in das Leben anderer zu intervenieren, auch nicht, wenn man den Eindruck hat, sie würden sich selbst oder zumindest indirekt anderen schaden. Konkrete Zusammenhänge müssen direkt nachgewiesen werden. Insofern kann die Philosophie auch nicht viel mehr tun als das, was Vattimo empfiehlt: „Es geht immer darum zu erfahren, ob wir in der Lage sind, in einer Welt, in der 'Gott tot ist', ohne Neurosen zu leben, in der sozusagen klar geworden ist, dass es keine festen, gesicherten, wesentlichen Strukturen, sondern im Grund nur Justierungen gibt."[1]

Deswegen eignet sich das Involutionskonzept um zu erkennen, dass sich ideologische, fundamentalistisch religiöse und populistische Bestrebungen selbst von der Zivilgesellschaft ausgrenzen, eben indem sie selbst ausgrenzend operieren, wenn eine selbsterfundene vermeintliche Mehrheit, also gemäß der willkürlichen Entscheidung ihrer Anführer, Minderheiten vorschreiben darf, ob, wo und wie sie zu leben haben. Wenn dergleichen von den Anführern propagiert und von Mitgliedern gewünscht wird, dann gehören diese Bewegungen selbstredend nicht zur Zivilgesellschaft, die sie obendrein auch massiv anfeinden – ihr Feindbild, das alles verkörpert, was schon die Nazis hassten. Wenn sie denn könnten, würden sie die Zivilgesellschaft mit aller Gewalt unterdrücken: Putin oder Erdoğan machen das ja vor. Wenn Trump bei seiner Inaugurationsrede erklärte, dass das Volk jetzt die Macht von den Eliten zurückgewonnen hat, dann setzt er sich selbst mit Faschisten gleich, die regelmäßig dasselbe behaupten.

Sein Demokratieverständnis entspricht dann in etwa jenem Max Webers, der aus dem Alldeutschen Verband austrat, weil dieser die Grenze für polnische Wanderarbeiter nicht schließen wollte. Marianne Weber berichtet über eine Begegnung ihres Mannes mit Erich Ludendorff, dem Erfinder der Dolchstoßlegende, der Weber fragte: „'Was verstehen Sie dann unter Demokratie?' Weber: ‚In der Demokratie wählt das Volk seinen Führer, dem es vertraut. Dann sagt der Gewählte: ‚Nun haltet den Mund und pariert.' Volk und Parteien dürfen ihm nicht mehr hineinreden.' Ludendorff: ‚Solche ‚Demokratie' kann mir

---

[1] Gianni Vattimo, Jenseits vom Subjekt (1985), Graz, Wien 1986, 34

gefallen!'"[1] Als Kriegsherr schickte dieser General Millionen in den Tod, nur sich selbst nicht, weswegen ihn völkisch oder neonazistisch Gesinnte bewundern. Dieses so webersche wie ludendorffsche Verständnis von Repräsentation antizipiert die Vorstellung Carl Schmitts, als er noch kein Nazi-Vordenker war: „Die Idee der Repräsentation ist dagegen so sehr von dem Gedanken persönlicher Autorität beherrscht, dass sowohl der Repräsentant wie der Repräsentierte eine persönliche Würde behaupten muss."[2] Der Repräsentant überträgt seine Würde auf die Repräsentierten, zu denen nicht nur die Illegalen und befeindete soziale Gruppen nicht gehören, sondern auch alle jene nicht, die den Repräsentanten nicht gewählt haben. Auf diese Weise einer Art persönlicher existentieller Repräsentation erhält dann die Behauptung des US-Präsidenten ihren Sinn, mit ihm als Präsident hätte das Volk wieder die Macht. Dabei scheint die von Schmitt später in der Nazizeit propagierte Artgleichheit nicht mehr so fern zu liegen: einige weiße angelsächsische Protestanten unter sich, die auf Menschen mit anderer Hautfarbe, anderen Lebensformen, anderen Gedanken herabblicken möchten.

So zielen die diversen diskriminierenden Bewegungen darauf ab, die Bourgeoisie, die Juden, die Homosexuellen, die Ausländer und die Illegalen auszugrenzen und zu vernichten. Hier eröffnet sich die Differenz der Involution zu jeglicher Art von Völkischem, Identitärem, Rassischem und Populistischem, aber auch zu revolutionär Proletarischem wie fundamentalistisch Religiösem, die alle auf Einheit abzielen, die sich nur durch Ausgrenzung und bestenfalls durch Assimilierung herstellen lässt. Die

---

[1] Zit. bei Dirk Kaesler, Max Weber – Preuße, Denker, Muttersohn. Eine Biographie, München 2014, 885

[2] Carl Schmitt, Römischer Katholizismus und politische Form, (1923), Stuttgart 1984, 35

neuesten populistischen Bestrebungen gerade, aber nicht nur in den USA, wollen die Zugewanderten, die Mexikaner, die Schwarzen, die Moslems ausschließen bzw. vertreiben. Sie bedienen sich offen der Methode der Diskriminierung und unterscheiden sich just dadurch von einer an Involution orientierten Zivilgesellschaft, die sich, wie man es überall beobachten kann, gerade um Migranten und Minderheiten kümmert. So avanciert die *Willkommenskultur* des Jahres 2015 in der Bundesrepublik zum Symbol der Zivilgesellschaft. Bereits Arendt weist auf das Schicksal der ausgeschlossenen Staatenlosen in der Zeit des Nationalsozialismus hin, das sich heute wiederholt, wenn Menschen ausgewiesen werden und ihre Herkunftsländer sie nicht wieder einreisen lassen wollen. Wie bemerkt doch Butler über Arendt: „Es ist nicht uninteressant, dass Arendt, selbst eine Jüdin und ein Flüchtling, ihre Pflicht nicht darin sah, zum ‚auserwählten Volk' zu gehören, sondern vielmehr zu den Ungewählten, und gerade für eine gemischte Gemeinschaft von denen einzutreten, deren Existenz ein Recht, zu existieren und ein lebbares Leben zu führen, impliziert."[1]

[1] Judith Butler, Anmerkungen zu einer performativen Theorie der Versammlung, Berlin 2016, 154

DAS ZIVILGESELLSCHAFTLICHE EUROPA: RAWLS' PLURALISMUS

Das Würde-Konzept von Schmitt kann in der Zivilgesellschaft daher keine Rolle spielen, sowenig wie Webers Demokratie-Verständnis. Ja, man kann sagen, dass mit der Entstehung der Zivilgesellschaft beides in den Hintergrund getreten ist, aber umso aggressiver immer wieder aufblitzt. Die Zivilgesellschaft wird nicht von gehorsamen Untertanen getragen, die ihre Würde von ihrem persönlichen Repräsentanten erhalten, sondern von den mündigen Individuen selbst, was umgekehrt die Menschenwürde und die Menschenrechte voraussetzt, die für Putin, Trump, Orban und Erdoğan eine untergeordnete Rolle spielen. So entledigt sich die Zivilgesellschaft der Einfalt, der Banalität wie der Einheit und setzt an deren Stelle die Vielfalt. In der Zivilgesellschaft entsteht ein pluralistisches soziales Netz, zu denen die vielen im vorliegenden Text angeführten Initiativen zählen, indes offensichtlich nicht die Populisten, und zwar eben auf eigenen Wunsch. Wer andere diskriminiert, schließt sich zwangsläufig selbst aus. Man muss durchschauen, wie das funktioniert, Verständnis muss man dafür nicht aufbringen wie viele Autoren aus Geiselbergers Sammelband, die damit dem Populismus den Weg ebnen helfen, die damit selbst in dessen Banalität einkehren.

In der repräsentativen Demokratie braucht die Menschenwürde keine Würde eines autoritären Führers, dessen Würde sich auf die Repräsentierten überträgt: Man muss sich ja gar nicht Trump vorstellen; aber möchte ich mir meine Würde von Angela Merkel oder Andrea Nahles übertragen lassen? Nicht mal deswegen, weil es sich bei den angeführten um Frauen handelt. Und auch wenn erstere es wirklich geschafft hat! Gerade wenn ihre Kanzlerschaft ihren Höhepunkt in der Entscheidung erlebt haben wird, im Spätsommer 2015 die syrischen Flüchtlinge in der Bundesrepublik aufzunehmen? Untertanen sonnen sich dagegen im Glanz ihrer angebeteten Führer oder Fußballer, was manchmal dasselbe ist.

So reduziert die unabdingbare soziale Vielfalt die vermeintlich repräsentierte Würde einer Staatsfrau, deren Aufgabe nicht im Führen, sondern im Kommunizieren besteht, die somit auch nicht als Führerin bezeichnet wird. Denn die Zivilgesellschaft besteht nicht nur aus vielen verschiedenen Gruppen und Aktivitäten, sondern entfaltet eine involutive Neigung, niemanden auszuschließen, kann man sich höchstens selbst ausschließen, indem man sich aggressiv gegenüber anderen aufführt. Nein, ihre Feinde muss die Zivilgesellschaft nicht lieben. Diese Liebe lässt sie hinter sich, die notorisch dazu geführt hat, den Feind bevormunden zu dürfen, und setzt an ihre Stelle die Toleranz: man muss den anderen nicht verstehen; man muss ihm Spielräume einräumen, sein Leben nach eigenen Vorstellungen zu führen, freilich ohne dass er die Spielräume der anderen beeinträchtigt. Man kann in die Krankenversicherung Leute aufnehmen, die nicht dazu gehören, nicht aber in die Zivilgesellschaft. Hier gibt es auch niemanden, der das entscheiden könnte, hängt es schlicht vom Verhalten des Betreffenden ab, obgleich Beobachtung auch immer der Interpretation bedarf, die sich ihrerseits wiederum verschieben lässt.

Zwar schließt der Pluralismus niemanden von vornherein aus. Doch wer ihn nicht bejaht, kann sich auch nicht auf ihn berufen, wenn Nazis, solange sie nicht an der Macht sind, toleriert werden wollen und pluralistische

Spielräume für sich beanspruchen, um letztlich die Spielräume der anderen zu beschneiden, wenn nicht gar aufzuheben. Ihnen diese Spielräume zu verweigern, darum sollten sich Rechtsstaat und Zivilgesellschaft bemühen, was den Pluralismus gerade nicht beeinträchtigt, sondern diesen gegen Aufhebungsversuche verteidigt. Denn man kann zum Pluralismus und zur Zivilgesellschaft nur dazugehören, wenn man beide als positiv anerkennt, nicht wenn man beide zu überwinden trachtet, wie es populistische Vertreter rechts und links propagieren. Eine Demokratie, die solche Leute gewähren lässt, gefährdet sich selbst. Der rechtstaatliche, politische wie zivilgesellschaftliche Kampf gegen den neuen Faschismus muss viel härter geführt werden. Daher darf man auch nicht jene linken Populisten-Versteher verstehen, wiewohl ihre Denkweisen sehr wohl verstanden werden muss.

Denn pluralistisch sollte man gegenüber einem populistischen Verständnis von Volk nicht tolerant sein, ein strukturell ethnisch, genauer rassistisch begründetes Verständnis, das sich im 19. Jahrhundert entwickelte und ihren Höhepunkt bei den Nazis erreichte, die in der Tat durch Vertreibung und Vernichtung am Ende des zweiten Weltkriegs in Europa relativ ethnisch homogene Bevölkerungen konstruiert hatten, die indes durch die diversen Wanderungsbewegungen in den Jahrzehnten seither längst wieder aufgelöst worden sind. Null-Toleranz gegenüber diskriminierenden Populisten dient nicht nur dem Schutz von deren Opfern, sondern widerspricht keinesfalls dem Prinzip der Toleranz, wenn es sich um Intoleranz handelt, die ja ihrerseits die Toleranz bekämpft. Dabei geht es nicht um das Prinzip der Demokratie, das sich ja auch keinesfalls von selber versteht, das sich noch eher gegen sich selbst richten lässt, wenn man Demokratie nicht genauer bestimmt und zwar als Minderheitenschutz und nicht als Mehrheitendominanz.

Über den Pluralismus lässt sich weniger streiten, wird er deswegen denn auch von populistischer Seite abgelehnt. Aber Pluralismus ist die Grundlage der postmodernen Demokratie, ja das unaufhebbare Grundgesetz der Demokratie – sollte er wie Artikel 1 und 20 GG in einem eigenen Artikel für unaufhebbar erklärt werden. Eine derart pluralistisch verfasste Demokratie akkreditiert alle Lebensformen, die ihrerseits Kants allgemeinem Prinzip des Rechts entsprechen: „Eine jede Handlung ist recht, die oder nach deren Maxime die Freiheit der Willkür eines jeden mit jedermanns Freiheit nach einem allgemeinen Gesetze zusammen bestehen kann.“[1] Das Prinzip der Verallgemeinerbarkeit wäre dann so zu übersetzen, dass es sich daran misst, dass das Recht alle jene Lebensformen zu gewährleisten hat, die ihrerseits keine Verallgemeinerbarkeit beanspruchen.

Universalität ergibt sich zivilgesellschaftlich geradezu umgekehrt zu der Vorstellung von Slavoj Žižek: „Was wir ganz grundlegend ablehnen sollten, ist die Perspektive, dass viele verschiedene lokale Emanzipationskämpfe (ethnisch, sexuell, religiös, rechtlich . . .) allmählich zu einer stets fragilen ‚Äquivalenzkette‘ (um Ernesto Laclaus Ausdruck zu verwenden) verknüpft und dadurch vereint werden. Universalität ist nichts, das aus einem langen und geduldigen Prozess hervorgehen soll, sondern etwas, das immer schon als Ausgangspunkt jedes echten emanzipatorischen Prozesses, ja als dessen Beweggrund da ist.“[2] Dem entbehrt eine gewisse theologische Implikation nicht und sei es der Dezisionismus Sören Kierkegaards, für den man sich für den Glauben entscheiden muss, weil das Christentum für Kierkegaard so absurd ist – wie die

---

[1] Immanuel Kant, Die Metaphysik der Sitten (1797), Akademie Textausgabe Bd. VI, Berlin 1968, 230

[2] Slavoj Žižek, Die populistische Versuchung; in: Heinrich Geiselberger (Hrsg.), Die große Regression, Berlin 2017, 305

Universalität Žižeks, möchte man ergänzen, eben weil man für etwas Absurdes wie den Sozialismus eintreten muss. Aber Žižek liebt ja Absurditäten. Der Pluralismus muss zivilgesellschaftlich von sehr vielen Beiträgern im Sinn von Rorty langsam aufgebaut werden und nicht durch einen Ruck oder Sprung – auf welche religiösen Abwege geraten Marxisten heute! Auf dieselben wie schon Benedikt XVI. der sich auf den Sprung bei Kierkegaard beruft. Daher gilt für den Pluralismus dasselbe wie das, was Rorty über die Solidarität schreibt: „Solidarität muss aus kleinen Stücken aufgebaut werden, sie wartet nicht schon darauf, gefunden zu werden, in Form einer Ursprache, die wir alle wiedererkennen, sobald wir sie hören."[1]

John Rawls unterscheidet das Faktum des Pluralismus, zu dem er auch jene antipluralistischen Lehren zählt, vom vernünftigen Pluralismus, der von Lehren getragen wird, die den Pluralismus vernünftigerweise anerkennen und ihn nicht überwinden wollen. Er schreibt: „Das Faktum eines vernünftigen Pluralismus ist keine unglückselige Bedingung des menschlichen Lebens, wie wir es über den Pluralismus als solchen sagen können, der Lehren einschließt, die nicht nur irrational, sondern auch wahnsinnig und aggressiv sind."[2] Doch wenn der Kampf der vielen Götter wiederkehrt, ist das nicht die Wiederkunft des Pluralismus, wie es Max Weber vorschweben mag. Nicht der tolerante römische Pluralismus kehrt wieder, sondern diverse im Lauf des 19. Jahrhunderts entstandene Monismen geraten bis heute aggressiv aneinander. Das hätte Weber sehen können. Wenn sich verschiedene Religionen und Weltanschauungen gegenseitig existentiell bekämpfen, ist das noch lange kein Plu-

---

[1] Richard Rorty, Kontingenz, Ironie und Solidarität (1989), Frankfurt/M. 1992, 161

[2] John Rawls, Politischer Liberalismus (1993), Frankfurt/M. 1998, 232

ralismus. Weber schreibt: „Die alten vielen Götter, entzaubert und daher in Gestalt unpersönlicher Mächte, entsteigen ihren Gräbern, streben nach Gewalt über unser Leben und beginnen untereinander wieder ihren ewigen Kampf. Das aber, was gerade dem modernen Menschen so schwer wird, und der jungen Generation am schwersten, ist: einem solchen *Alltag* gewachsen zu sein. Alles Jagen nach dem ‚Erlebnis' stammt aus dieser Schwäche. Denn Schwäche ist es: dem Schicksal der Zeit nicht in sein ernstes Antlitz blicken zu können."[1] Genau aus dieser Schwäche ist 50 Jahre später die Zivilgesellschaft entstanden, die diesen vermeintlich ewigen Kampf durch Pluralismus zumindest teilweise befriedete.

Der Kampf der Religionen und Ideologien mit Absolutheitsanspruch war noch nie ein Pluralismus, sondern entweder Bürgerkrieg, Waffenstillstand oder Duldung des Schwächeren durch den Stärkeren aus eigennützigen Gründen – weil man ihn gebrauchen konnte oder seine Beseitigung zu viel gekostet hätte. Im Modell von Thomas Hobbes wird eine von der offiziellen Staatsreligion abweichende Vorstellung nur in der Privatsphäre geduldet, wo sie ein Staat sowieso nicht nachhaltig kontrollieren kann. Für die ‚wahnsinnigen und aggressiven' Gegner des Pluralismus wie Carl Schmitt ist das denn auch ein beklagenswerter Zustand, den es zu ändern gilt, indem abweichende Meinungen gewaltsam unterdrückt werden, nicht mal in der Privatsphäre geduldet werden, wie man vom Spitzelsystem der Nazis weiß. Und nichts gibt besser Auskunft über das Denken des einzelnen Bürgers als das Internet. Oder wenn homosexuelle Paare heiraten, kann sie der Populismus nach der Machtergreifung sehr leicht in KZs verschwinden lassen.

---

[1] Max Weber, Wissenschaft als Beruf (1919), Aufsätze zur Wissenschaftslehre, 4. Aufl. Tübingen 1973, 605

Ein positives Verständnis von Pluralismus entstand erst in der Moderne, nachdem der Krieg der Ideologien zwei kriegerische Höhepunkte erreichte, im 17. und im 20. Jahrhundert und die Hoffnungen darauf weitgehend verblassten, man könnte durch Ausschließung bzw. Diskriminierung, also durch polizeiliche oder militärische Gewalt noch eine Einheit herstellen. Die Idee der Toleranz verbreitete sich in der Aufklärung. Ob sie aber nennenswert zu einem positiven Verständnis von Pluralismus reicht, das darf man allerdings bezweifeln. Toleranz bejaht nicht den Pluralismus emotional, sondern notgedrungen, weil er sich nicht ändern lässt. Zumindest bereitet sie damit dem Pluralismus den Weg und deshalb kann man sich in den USA auch gegen Trump auf die Verfassungstradition berufen. Ja, man darf unterstellen, dass sich ein nachhaltig positives Verständnis von Pluralismus, das diesen nicht bloß als unvermeidbar oder auch nur als vernünftig, sondern leidenschaftlich als eine lebenswertere Welt bejaht, erst mit der Zivilgesellschaft seit den neunzehnhundertsiebziger Jahren verbreitete. Ohne diese Bejahung wäre denn auch die EU ein reines machtpolitisches Konstrukt. Nein, die EU heute steht wie die Zivilgesellschaften für die leidenschaftliche Bejahung des Pluralismus ein, weswegen aktuelle Regierungen in Italien, Polen, den USA, Ungarn, der Türkei, Russland und Britannien mit der EU hadern. Mehr noch, die EU ist allen zusammen ein Dorn im Auge, da diese Regierungen auf eine diskriminierende Identitäts- und Ausgrenzungspolitik setzen, während die Europäische Union den Nationalstaat schwächt, abbaut und tendenziell auf ein Bundesland hin ausrichtet, damit sowohl einem inneren, einem supranationalen wie internationalen Pluralismus den Weg ebnet, also genau das befördert, was rechte oder linke Nationalstaatler ablehnen.

John Rawls, der 1971 in *A Theory of Justice* den Liberalismus verteidigt, denkt diesen gerade noch nicht nachhaltig pluralistisch, sondern beschränkt ihn auf einen liberalen philosophischen Hintergrund. Erst seit den achtziger Jahren erkennt er selbst diesen Pluralismus als positiv bzw. vernünftig an. Hier bleibt immer noch offen, ob man, wenn es möglich wäre, lieber in einer nichtpluralistischen Gesellschaft leben würde. Nur weil es diese ‚leider' nicht gibt, akzeptiert man vernünftigerweise den Pluralismus, weil man beispielsweise die Übel Bürgerkrieg und Unterdrückung vermeiden möchte, könnten diese einen ja selbst betreffen. So bemerkt Zygmunt Bauman: „Ob es uns passt oder nicht: Das Leben in der Stadt verlangt von uns, dass wir die Fähigkeit entwickeln, jeden Tag aufs Neue – und aller Wahrscheinlichkeit nach für immer – mit kulturellen Unterschieden umzugehen."[1]

Der Liberale Rawls würde 1971 vielleicht noch eine Gesellschaft vorziehen, in der liberale Prinzipien eine Art Einheit generieren. Der Ausruf ‚Wer würde das nicht!' drückt noch just die Haltung aus, die in der Zivilgesellschaft gerade nicht mehr selbstverständlich ist. Das entspricht jenen angeblichen Wahrheiten, die man bei den Rechtspopulisten ‚wohl noch sagen darf', auf die man sich mal wieder besinnt, die die vermeintlichen Weisheiten der Kriegergesellschaft des 19. Jahrhundert verkörpern, als man den Pluralismus mit Antisemitismus zu bekämpfen begann – als man offen, unhöflich, ja verletzend und damit natürlich dumm sein durfte: die Banalität des Populismus. Denn Populismus ist wider Latours Neigung nicht nur banal, sondern verweigert sich bewusst dem Denken, der Intellektualität, der Reflexion und damit bekennt er sich selbst zur Dummheit. Wenn man die Dummheit verniedlicht, wie es in manchen linken Kreisen üblich ist, dann nimmt man den Populismus nicht

[1] Zygmunt Bauman, Symptome auf der Suche nach ihrem Namen und Ursprung; in: Heinrich Geiselberger (Hrsg.), Die große Regression, Berlin 2017, 42

ernst, kann ihn weder ironisieren, noch hinlänglich bekämpfen.

Doch jene Bürgerinnen, die sich heute zivilgesellschaftlich engagieren, begreifen den Pluralismus nicht als leider nicht vermeidbare soziale Struktur, die sich nicht ändern lässt und die man daher vernünftigerweise anerkennen sollte, um selber das Leben führen zu dürfen, was man möchte. Sie würden nicht lieber in einer Gesellschaft der Gleichgesinnten leben, im Gegenteil. In der Zivilgesellschaft begreift man den Pluralismus vielmehr als erfreuliche Angelegenheit, will man in einer Welt leben, in der man fremden Menschen mit unterschiedlichen Lebensformen und aus unterschiedlichen Kulturen mit gegenseitiger Achtung begegnet. Wie langweilig erscheint dagegen das Nazi-Volk! Die Zivilgesellschaft ist ein Produkt der europäischen Kultur, die für Richard Rorty, „sich ihrer Fähigkeit zur mörderischer Intoleranz in sehr hohem Maße bewusst geworden ist, wodurch sie vielleicht auch mehr Argwohn gegenüber der Intoleranz und mehr Gefühl für die Erwünschtheit von Vielfalt entwickelt hat als irgendeine andere Kultur, von der wir wissen."[1] Just dessen bleibt sich die Zivilgesellschaft auch eingedenk und wenn sie das vergisst, wenn sie in rechtem oder auch linkem Populismus aufgehen sollte, dann verliert sie ihren zivilgesellschaftlichen Charakter. Umgekehrt versucht der Populismus mit der propagierten 180 Grad Wende der Erinnerungskultur just das Mörderische an der Intoleranz wieder in Vergessenheit zu bringen. Nun, das kann man sicher sagen, das wird ihm nicht gelingen, nicht mal nach einer Machtergreifung, seiner von ihm so verkauften friedlichen Revolution.

Der Pluralismus realisiert sich denn auch umso mehr in der multikulturellen Gesellschaft, die viele auch aus

[1] Richard Rorty, Eine Kultur ohne Zentrum (1991), Stuttgart 1993, 102

konservativen Parteien immer schon als gescheitert deklarieren und das Ende von Multikulti proklamieren, womit man sich letztlich in die Tradition ethnisch reiner Staaten und damit der Nazis stellt. Doch zivilgesellschaftlich engagierte Bürgerinnen freuen sich, wenn in einer Stadt alle Hautfarben von Bewohnern repräsentiert werden und zwar nicht bloß von Touristen. Sie freuen sich, wenn Flüchtlinge ins Land kommen und heißen sie willkommen. Sie akzeptieren das nicht nur zähneknirschend, sondern empfinden das als Bereicherung, was ihnen den Hass der völkisch bzw. populistisch Gesinnten einbringt. Doch wenn Kinder Eltern aus verschiedenen Kontinenten und Kulturen haben, dann lebt die Gesellschaft in vielen Farben auf, während die stereotype Wiederholung der immer gleichen Bleichheit und Herkunft eher für langweilig gehalten wird: bleich, blauäugig und naseweis. An dieser Stelle gibt es denn wohl auch ein Gefälle zwischen dem alten Europa, also Westeuropa und Osteuropa, ein Gefälle, das sich indes einzuebnen beginnt, zweifellos nicht zur Freude der Populisten. In Westeuropa leben seit Jahrzehnten Millionen von Zugereisten, so dass hier zwar ein gefährliches populistisches Potential erwachsen ist, dass sich aber lange zahlenmäßig in Grenzen hielt, während in Osteuropa kaum Zugereiste leben und Rechtspopulisten trotzdem politisch den Ton angeben. So darf man die Relevanz der folgenden Bemerkung von Ivan Krastev wohl geographisch und sachlich etwas eingrenzen: „Was Europa betrifft, hat die von der Flüchtlingskrise ausgelöste ‚Bedrohung der normativen Ordnung‘ ihre Wurzeln in der Bevölkerungsentwicklung. Erstaunlicherweise gehört die demografische Panik zu den am wenigsten erörterten der Faktoren, die das Verhalten der Europäer gegenüber Migranten und Flüchtlingen prägen.“[1]

[1] Ivan Krastev, Auf dem Weg in die Mehrheitsdiktatur? in: Heinrich Geiselberger (Hrsg.), Die große Regression, 127

Die normative Ordnung kann sich ja wohl nur auf den Identitarismus beziehen, dessen Protagonisten ihre völkischen Vorstellungen durch die Willkommenskultur bedroht sehen. In Westeuropa haben dagegen doch viele längst verstanden, dass Zuwanderung allein schon aus demographischen, also ökonomischen Gründen notwendig ist. Aber gegenüber der Ökonomie haben die Populisten wie Postmarxisten ja ein sehr gespaltenes Verhältnis. Viele Marxisten wollen die Erde nicht mit Kapitalisten teilen. Um diese zu diskriminieren, scheint ihnen jedes rechtspopulistische Mittel recht. Dass das eine gefährliche Illusion sein könnte, dazu dürfte schon ein Blick zurück in die alte Dimitroff-These helfen, die Nationalsozialismus und Faschismus als „die offen terroristische Diktatur der reaktionärsten, am meisten chauvinistischen, am meisten imperialistische Elemente des Finanzkapitals“[1] bezeichnete. Mit ein wenig Fantasie – sofern vorhanden – lassen sich doch ein paar erhellende Parallelen zum Populismus herstellen, der sich ja in Deutschland just mit einem neoliberalen Wirtschaftsprogramm schmückt.

Letztlich mussten sich sogar Kommunisten mit der Pluralität der Gesellschaft anfreunden, auch wenn sie sie ja nur vorübergehend einschränken wollten, um sie dann in einer fernen kommunistischen Zukunft wieder aufblühen zu lassen. Das klare Primat, dem Kommunisten orthodoxer Couleur alles unterordnen, ist die Vergesellschaftung des Eigentums an den Produktionsmitteln, der gegenüber der Pluralismus in den Hintergrund tritt. Doch dass diese Sozialisierung wichtiger als die Förderung des Pluralismus ist, versteht sich keineswegs von selbst. Wie sich historisch zeigte, verändert sich eine Gesellschaft durch die Sozialisierung längst nicht automatisch in eine pluralistische Richtung. Dergleichen befördert eher der

---

[1] Zit. bei Richard Saage, Faschismustheorien – Eine Einführung, München 1976, 32

Kapitalismus. Offenbar löst die Sozialisierung just jene Probleme nicht, die sie vorgibt zu beseitigen, schon gar nicht das Problem der Armut, der Ungleichheit und der Ansprüche auf Emanzipation.

Nicht umsonst haben sich viele ehemals kommunistische Parteien von diesem Namen verabschiedet. So nehmen Kommunisten heute an Involutionsprozessen teil, wenn sie sich als Netzwerker verstehen und den Kommunismus selber als unrealisierbare Utopie betrachten, wenn Kommunisten also zu Utopisten geworden sind, was sie seit Marx gerade nicht sein wollten, weil sie ja auf der Realisierung ihrer Ideen beharrten, anstatt diese wie die klassischen Utopisten nur als kritische Maßstäbe zur Beurteilung der zeitgenössischen Gesellschaft zu betrachten. Umgekehrt gilt für den Pluralismus nicht dieselbe Problematik wie für Fragen der Sicherheit und Freiheit: Wenn man antipluralistische diskriminierende Initiativen bekämpft, schädigt man den Pluralismus gerade nicht, sondern stärkt ihn. Doch an einer solchen Politik mangelt es nicht nur, aber besonders in Deutschland – wiewohl sicher nicht in dem Maße wie in der Weimarer Republik, scheint sich hier 2018 eine Wende anzubahnen.

In der Zivilgesellschaft vereinen sich Menschen mit sehr unterschiedlichen Lebensformen und Vorstellungen. Nicht nur, dass sie sich gegenseitig tolerieren. Vielmehr befruchten sie sich gegenseitig, so dass dadurch involutive Bildungsprozesse stattfinden, die keiner staatlichen Institution bedürfen, die sich an keinen Massen so wenig wie am hörigen Volk orientieren. Das schließt natürlich keinesfalls die gesellschaftliche bzw. gegenseitige Bedingtheit der individuellen Existenz aus, wenn durch das Individuum die diversen Vokabulare und Informationen aus dem sozialen Pluralismus hindurchfließen. Doch just weil das so ist, kann das Individuum daran auch drehen, nein, keine Berge versetzen, aber Impulse geben, indem es alleine oder mit anderen zusammen Vokabulare und

Informationen metonymisiert, oder sie schlicht anders weitergibt, als sie gemeint wurden – was zivilgesellschaftliche Selbstbildung genauso ermöglicht, wie es die Bildung der Zivilgesellschaft befördert und dem die schwerfälligen, kaum noch als top-down zu bezeichnenden Entscheidungen auf EU-Ebene weit mehr entsprechen, als eine Mehrheitsdemokratie, der womöglich noch die Minderheitenrechte abgehen. Rorty empfiehlt zur Selbstbildung möglichst viele Romane zu lesen, die die Leserin mit verschiedenen Vokabularen konfrontieren, so dass sie lernt ihr eigenes zu relativieren, zumindest eine Vorsicht diesem gegenüber bzw. ein Skepsis gegenüber ihrem eigenen Ethnozentrismus zu entwickeln. Dabei helfen Literaturkritiker. Denn sie „haben mehr Bücher gelesen und lassen sich deshalb weniger leicht vom Vokabular eines einzigen Buches einfangen.“[1]

Jede Bürgerin nimmt am Leben der Sprache teil und damit an ihrer permanenten Veränderung, somit an einer Vielzahl von Medien und wirkt auf diese auch zurück, wenn sie nicht nur eine dogmatisierte Sprache spricht, die der Nationalisten, Völkischen oder des IS, was schließlich auch das Dilemma der Sowjetunion war, die ob ihrer Sprache unterging. Involutionsprozesse dagegen verschieben ständig die Sinnstrukturen, die die in der Zivilgesellschaft Engagierten permanent nachvollziehen müssen, was ihnen eine Bildungsanstrengung abverlangt. Bruno Latour mag damit Recht haben, dass es die Dinge der äußeren Welt gibt, so dass „die Wissenschaften (. . .) mit der unverrückbaren Wirklichkeit konfrontiert sind, einer Wirklichkeit, die man nicht nach Belieben in alle Richtungen verbiegen kann, weil sie allen Manipulationen widerstehen würde.“[2] Doch erst die Sprache entfaltet

[1] Richard Rorty, Kontingenz, Ironie und Solidarität (1989), 139

[2] Bruno Latour, Die Rechtsfabrik – Eine Ethnographie des Conseil d'État (2002), Konstanz 2016, 275

diese Dinge zu einer Wirklichkeit, die sich nicht von selbst versteht und nicht von außen sanktioniert wird: die Natur spricht nicht, schon gar nicht ‚Newtonisch', wie es Rorty schrieb, auch nicht Darwinisch, nicht Turingisch, nicht Mandelbrotisch. Vielmehr führt die Sprache dabei ein Eigenleben, das die Sprechenden nicht kontrollieren. Dogmatiker und Fundamentalisten meinen, die Sprache beherrschen zu können, weil die Sprache die Natur spiegeln würde. Doch hegemoniale Diskurse zerschellen an der Flüchtigkeit wie der Opazität der Sprache, auf die als einzige zumindest ein gewisser Verlass ist, worauf Lyotard hingewiesen hat – natürlich nur in dem Sinn dass auf sie kein Verlass ist. Erst diese Eigendynamik der Sprache verhindert den beliebigen Umgang mit den Fakten, so dass sich dergleichen Bemühungen als postfaktisch entlarven. Es gibt keine anderen Fakten als sprachlich gegebene. Aber diese sind sprachlich verwickelt und keineswegs beliebig aufzudröseln, wie es das Wort vom Postfaktischen vorgaukelt.

Derart wandeln sich unter Individualisierungsbedingungen und angesichts einer existentialistisch selbstverantwortlichen Europäerin – Verantwortung, die nichts mit einem neoliberalen Verständnis des Sozialsystems zu tun hat, sondern mit Mündigkeit und Selbstgestaltung des eigenen Lebens – die Anforderungen an Bildung, die sich in mediale bzw. sprachliche Bildung transformiert, was die Gesellschaft pluralistisch zerteilt: Die Zivilgesellschaft bildet sich vielfältig selbst und kämpft mit Institutionen oder Konzernen um die Fakten, zu denen die Wissenschaften denn auch wesentlich beitragen. Populisten haben daher nicht nur ein Problem mit dem Journalismus, sondern auch mit den Wissenschaften. Daher könnte man Populisten als Bildungs- und Emanzipationsverlierer bezeichnen, die vergleichbar mit Aristoteles die Sprache nicht hinlänglich verstehen, weil sie sich Bildungsprozessen verweigern und um dann umso enttäuschter zu reagieren. Im Lager der Populisten finden sich denn auch vergleichsweise wenige Intellektuelle, Künstler, Wissenschaftler und Journalisten, und wenn dann nicht unbedingt die herausragenden, die vor allem von Sprachphilosophie nichts ahnen oder diese nicht verstanden haben, denen zudem jegliche Ironie und Leichtigkeit des Seins abgeht. Klar, sie wollen ja das „deutsche Volk" retten – eine ernste Angelegenheit in der Tat, so ernst, dass man sich über sie nur amüsieren kann.

Daher bleibt der Politik, wenn sie den Involutionsbemühungen nicht notorisch hinterherhinken will, gar nichts anderes, als das nachzuahmen bzw. zu wiederholen, was aktive Bürgerinnen ihr vormachen oder wozu sie sie gar zwingen – man denke an die die Liberalisierung der Lebensformen, die Frauenemanzipation und Ökologisierung der Welt, die alle von den Bürgerinnen selbst ausgingen, bevor Staaten und Parteien auf den Zug aufsprangen und notorisch hinterherrudern: also Top-down rudert Bottom-up hinterher. Und die Europäerinnen haben sich von Anfang an die dazu nötige Bildung selber beigebracht, sicher vor dem Hintergrund vorhergehender staatlicher Bildung, von deren Verbildungen sich diese Bürgerinnen befreien mussten und auch befreien konnten, d.h. dass sie mehr Vokabulare lernen müssen. Diese Form der Selbstbildung ist den Entdiskriminierungsverlierern nicht vergönnt. Just darin aber liegen Ethos und Eros der Zivilgesellschaft wie der Europäischen Union.

Wie stark man diese Zivilgesellschaft dabei einschätzen will, lasse ich offen. Jedenfalls hat sie Einfluss auf die Politik, auf Medien und auch auf die Bildung und zwar just dadurch, dass sich ihre Beteiligten selber um Bildung kümmern und ebenfalls von der Politik und den Bildungsinstitutionen verlangen, diese zu berücksichtigen – man denke nur an die zwischenzeitlich in der Schule verbreitete Umweltbildung sowie die Liberalisierung des Unterrichts. Daher gehören zur demokratischen Politik immer schon Involutionsbemühungen, so dass Bildung strukturell keine schlichte institutionelle Angelegenheit bleibt, sondern heute umso mehr außerinstitutionelle, individuelle Perspektiven entfaltet, die auf medialer Grundlage – nicht erst die Informationstechnologien beschleunigen diesen Prozess – die Politik herausfordern und die europäischen Gesellschaften verändern. Anstatt um diskriminierende Identität geht es zivilgesellschaftlich dabei primär um Involution, so dass die mündigen Bürgerinnen letztlich den Weg nach Europa geebnet haben, das langsam wirklich mehr als ein Produkt von Nachkrieg und kaltem Krieg geworden ist – der Schrecken der Nationalisten nämlich, weil sich mit Europa der Nationalstaat als ein Produkt entlarvt hat, dessen Verfallsdatum längst überschritten ist. Und weil Europa seinerseits durch aktive Bürgerinnen langsam ein anderes Ethos entwickelt, das auch eine erotische Faszination abstrahlt, so dass die Mehrheit der einheimischen Besucherinnen des Oktoberfestes demnächst braunere Haut als früher aus dem Dirndl blicken lässt.

Das es die Deutschin nicht gibt, die obendrein historisch belastet wäre, würde ich John F. Kennedy gerne umformulieren und bekennen: ‚Ich bin eine Europäerin.‘

Ausgewählte Literatur

Theodor W. ADORNO, Erziehung nach Auschwitz (1966), Stichworte - Kritische Modelle 2, Frankfurt/M. 1969

Giorgio AGAMBEN, Homo sacer – Die souveräne Macht und das nackte Leben (1995), 10. Aufl. Frankfurt/M. 2015

Johannes AGNOLI, Die Transformation der Demokratie (1967) und andere verwandte Schriften, 2. Aufl. Hamburg 2004

Karl-Otto APEL, Diskurs und Verantwortung – Das Problem des Übergangs zur postkonventionellen Moral, Frankfurt/M. 1988

Hannah ARENDT, Über das Böse (1965/6), München 2006

Dies., Vom Leben des Geistes – Das Denken (1977), 2. Aufl. München 2002

Dies., Das Urteilen – Texte zu Kants politischer Philosophie (1982), München, Zürich 1998

ARISTOTELES, Politik, München 1973

Roland BARTHES, Das Neutrum (1977-78). Frankfurt/M. 2005

Simone de BEAUVOIR, Das andere Geschlecht – Sitte und Sexus der Frau (1949), 5. Aufl. Reinbek 2005

Ulrich BECK, Die Erfindung des Politischen, Frankfurt/M. 1993

Walter BENJAMIN, Zur Kritik der Gewalt (1921) und andere Aufsätze, Frankfurt/M. 1965

Judith BUTLER, Anmerkungen zu einer performativen Theorie der Versammlung, Berlin 2016

Dies., Das Unbehagen der Geschlechter (1990). Frankfurt/M. 1991

Albert CAMUS, Der Mensch in der Revolte (1951), Reinbek 1969

Michel FOUCAULT, Die Regierung des Selbst und der anderen, Vorlesung am Collège de France 1982/83, Frankfurt/M. 2009

Heinrich GEISELBERGER (Hrsg.), Die große Regression – Eine internationale Debatte über die geistige Situation der Zeit, Berlin 2017

G.W.F. HEGEL, Grundlinien der Philosophie des Rechts (1820), Theorie Werkausgabe Bd. 7, Frankfurt/M. 1970

Max HORKHEIMER, Theodor W. ADORNO, Dialektik der Aufklärung (1947), Frankfurt/M. 1971

Theo HUG, Phantome gibt's wirklich – oder? Konzeptionelle Gesprächsangebote zu einem vielgestaltigen Phänomenbereich; in: Ders., Hans-Jörg Walter (Hrsg.), Phantom Wirklichkeit – Pädagogik der Gegenwart, Hohengehren 2002

William JAMES, Das pluralistische Universum - Vorlesungen über die gegenwärtige Lage der Philosophie (1909), Darmstadt 1994

Odo MARQUARD, Individuum und Gewaltenteilung – Philosophische Studien, Stuttgart 2004

Paul MASON, Postkapitalismus – Grundrisse einer kommenden Ökonomie (2015), Berlin 2016

Jan-Werner MÜLLER, Das demokratische Zeitalter – Eine politische Ideengeschichte Europas im 20. Jahrhundert, Berlin 2013

Oskar NEGT, Der politische Mensch – Demokratie als Lebensform, Göttingen 2010

Jacques RANCIÈRE, Das Unvernehmen – Politik und Philosophie (1995), Frankfurt/M. 2002

John RAWLS, Politischer Liberalismus (1993), Frankfurt/M. 1998

Richard RORTY, Kontingenz, Ironie und Solidarität (1989), Frankfurt/M. 1992

Hans-Martin Schönherr-Mann, Die Technik und die Schwäche – Ökologie nach Nietzsche, Heidegger und dem 'schwachen Denken', Vorwort v. Gianni Vattimo, Edition Passagen, Wien 1989

Ders., Von der Schwierigkeit, Natur zu verstehen – Entwurf einer negativen Ökologie, S. Fischer-Verlag Reihe Perspektiven, Frankfurt/M. 1989

Ders., Politik der Technik – Heidegger und die Frage der Gerechtigkeit, Edition Passagen, Wien 1992

Ders., Leviathans Labyrinth – Politische Philosophie der modernen Technik – Eine Einführung, Wilhelm Fink Verlag, München 1994

Ders., Postmoderne Perspektiven des Ethischen – Politische Streitkultur, Gelassenheit, Existentialismus, Wilhelm Fink Verlag, München 1997

Ders. Politischer Liberalismus in der Postmoderne - Zivilgesellschaft, Individualisierung, Popkultur, Wilhelm Fink Verlag München 2000

Ders., Das Mosaik des Verstehens – Skizzen zu einer negativen Hermeneutik, edition fatal München 2001

Ders., Miteinander leben lernen – die Philosophie und der Konflikt der Kulturen, Piper Verlag München, Zürich 2008

Ders., Der Übermensch als Lebenskünstlerin – Nietzsche, Foucault und die Ethik, Matthes & Seitz Berlin 2009

Ders., Globale Normen und individuelles Handeln – Die Idee des Weltethos aus emanzipatorischer Perspektive, Königshausen & Neumann Würzburg 2010

Ders., Die Macht der Verantwortung, Freiburg, Alber München 2010

Ders., Was ist politische Philosophie? Campus Frankfurt/M., New York 2012

Ders., Protest, Solidarität und Utopie – Perspektiven partizipatorischer Demokratie, edition fatal München 2013

Ders., Gewalt, Macht, individueller Widerstand – Staatsverständnisse im Existentialismus, Bd. 77 Reihe Staatsverständnisse, Nomos Baden-Baden 2015

Ders., Albert Camus als politischer Philosoph, Interdisziplinäre Forschungen 26, Innsbruck University Press 2015

Ders., Untergangsprophet und Lebenskünstlerin – Über die Ökologisierung der Welt, Matthes & Seitz Berlin 2015

Ders., Involution oder Revolution – Vorlesungen über Medien, „Bildung und Politik" an der Universität Innsbruck 2013-17, BoD Norderstedt 2017

Ders., Das Blau des Sprachspiels – Wittgenstein und die politische Philosophie – Vorlesungen am Geschwister-Scholl-Institut 2003/2004, BoD Norderstedt 2017

Ders., Michel Foucault als politischer Philosoph, Innsbruck 2018

Leo STRAUSS, What is Political Philosophy? and other studies, New York, London 1959

Charles TAYLOR, Ders., Ein säkulares Zeitalter (2007), Frankfurt/M. 2009

Gianni VATTIMO, Die transparente Gesellschaft (1989), Wien 1992

Ludwig WITTGENSTEIN, Philosophische Untersuchungen (1953), Frankfurt/M. 1971

Personenregister